고흐 마음을 담은 그림 편지

고흐 마음을 담은 그림 편지

노성두 글 | 신지윤 미술놀이

다림

예술가들이 사는 마을 5
고흐 마음을 담은 그림 편지

초판 1쇄 발행 2014년 2월 7일
초판 7쇄 발행 2025년 6월 13일

글쓴이 노성두
미술놀이 신지윤

편집장 천미진
편　집 최지우, 김현희
디자인 최윤정
마케팅 한소정
경영지원 한지영

펴낸이 한혁수
펴낸곳 도서출판 다림
등록 1997년 8월 1일(제1-2209호)
주소 07228 서울시 영등포구 영신로 220 KnK 디지털타워 1102호
전화 02-538-2913 | **팩스** 070-4275-1693
블로그 blog.naver.com/darimbooks
다림 카페 cafe.naver.com/darimbooks
전자 우편 darimbooks@hanmail.net

ISBN 978-89-6177-080-4　73600
ISBN 978-89-6177-030-9　(세트)

*이 책 내용의 일부 또는 전부를 사용하려면 반드시 저작권자와 도서출판 다림의 서면 동의를 받아야 합니다.
*책값은 뒤표지에 있습니다.
*미술놀이 작품을 만드는 데 도움을 주신 초록밥나무 화실 어린이들에게 감사드립니다.

 | **제품명:** 고흐_마음을 담은 그림 편지 | **제조자명:** 도서출판 다림 | **제조국명:** 대한민국
전화번호: 02-538-2913 | **주소:** 서울시 영등포구 영신로 220 KnK디지털타워 1102호
제조년월: 2025년 6월 13일 | **사용연령:** 10세 이상
※KC마크는 이 제품이 공통안전기준에 적합하였음을 의미합니다.

⚠ 주 의
아이들이 모서리에 다치지 않게 주의하세요.

차례

빈 의자의 주인은 누구일까?   7

화가의 눈   19

퍼즐처럼 이어지는 배움의 조각   37

고흐만의 아름다움을 찾아서   57

별들의 무도회로 가는 길   79

그림자 없는 그림   103

부록   115

1. 고흐의 발자취
2. 미술관에 놀러 가요

빈 의자의 주인은 누구일까?

■ 수록 작품
반 고흐 〈고흐의 의자〉 1888년, 캔버스에 유화, 73.5×93cm, 런던 국립미술관 (10쪽)
반 고흐 〈고갱의 의자〉 1888년, 캔버스에 유화, 72.5×90.5cm, 암스테르담 반 고흐 미술관 (12쪽)
작가 미상 〈빈 어좌〉 5세기 말, 벽화, 라벤나 아리아니 세례당 (15쪽)

   누군가가 의자 위에 파이프를 하나 올려놓고 갔네. 아마도 뭔가를 골똘히 생각하다 간 모양이야. 아니면 누구를 기다리고 있던 걸까? 친구랑 마주 앉아 즐겁게 이야기를 나누지 않은 건 분명해. 탁자도 없고 간식을 먹은 흔적도 없잖아.

   누가 머물다 간 자리일까? 파이프를 놓고 간 걸로 보아 어린아이는 아닌 것 같아. 자세히 보니 나무 의자처럼 보이는데, 시골 마을에 사는 농부나 목수의 의자는 아닐까? 일하다 잠시 쉬려고 서툰 솜씨로 만들어 둔 의자일 수도 있잖아.

의자 위에 놓여 있는 파이프는 누구의 것일까?

아쉽게도 우리의 추측은 모두 빗나갔어. 이 의자는 화가의 의자야. 프랑스 아를에 자리한 노란 집에 사는 화가 고흐(Vincent Willem van Gogh 1853~1890)의 것이지. 왠지 모르게 이 그림을 완성하고 붓을 내려놓는 고흐의 쓸쓸한 옆모습이 느껴져. 왜 쓸쓸하냐고? 친구를 사귀어 본 사람은, 그리고 진정한 우정을 꿈꾸어 본 사람은 이해할 수 있을 거야. 고흐는 알고 있었거든. 친구 고갱이 곧 떠날 거라는 사실을…….

고갱(Paul Gauguin 1848~1903)은 파리에서 온 화가야. 고갱은 참 좋은 친구였어. 고흐의 부탁대로 안정된 생활을 정리하고 파리에서 아를까지 짐을 싸서 왔을 정도니까. 두 사람은 당장 의기투합했지. 밤늦도록 예술이 무엇인지, 왜 사람들은 훌륭한 화가를 못 알아보는지, 예술의 길이 왜 이토록 험난한지 입이 아프도록 이야기를 나누곤 했어.

그런데 문제는 두 사람 모두 돈을 벌지 못한다는 것이었어. 그림이 통 팔리지 않으니 가난할 수밖에……. 생전에 그림을 팔지 못한 화가를 꼽아 보자면 세상에 고흐를 따를 화가가 없을 정도였어. 빈털터리 신세는 고갱도 마찬가지였지. 가난뱅이 화가 둘이서 밤새워 부당한 예술계와 사회에 대해 떠들어 보았자 빵이 절로 생길 리가 없었지. 고흐가 동생 테오로부터 다달이 받아 쓰는 용돈이 수입의 전부였어. 한 사람 코에 붙이기도 어려운 돈으로 두 사람이 그림 재료도 사고 방세도 내야 하니 늘 허덕였지. 그러자 절친했던 두 사람 사이가 차츰 삐거덕거리기 시작했어. 고흐를 바라보는 고갱의 눈길이 차가워졌고, 고흐는 그걸 견딜 수 없었어. 고흐가 이 의자를 그리고 싶어진 건 그 무렵이었어.

고흐는 두 사람의 지난 우정을 기억하면서 먼저 고갱의 의자를 그렸어.

고갱의 의자

그 다음에 자신의 의자도 그렸지. 주인은 없고 의자만 덩그러니 자리를 차지하고 있으니 왠지 허전해 보여. 흔히 그림은 화가의 마음을 비추는 거울이라고 하지. 빈 의자가 놓인 풍경처럼 고흐의 마음속 풍경에도 찬바람이 불고 있었을 거야.

두 개의 의자 먼저 고흐의 의자를 살펴볼까?(10쪽) 골풀로 엮은 나무 의자는 대강 손도끼로 쳐서 만든 것처럼 엉성하고 투박한 모습이야. 의자 위에는 싸구려 담배쌈지와 파이프가 놓여 있군. 담배는 농부, 노동자, 일꾼 들의 친구로 불렸지. 땡볕 아래서 파김치가 되도록 밭을 매다가 잠시 나무 그늘에서 반쯤 누워 피우는 담배는 고단함을 잊게 해 주기 때문이야. 파이프로 담배를 피우는 걸 보니, 말아 놓은 담배를 살 여력도 없는 모양이야. 의자 위에 있는 파이프가 '우리는 맨날 이렇게 살아야만 하는 거야.'라고 가난한 사람들의 찌든 삶에 대해 대변하는 느낌이야.

의자 뒤로 'Vincent(빈센트)'라는 고흐의 서명이 보이는군. 저 궤짝은 술집에서 주워 온 빈 포도주 상자인가 봐. 바닥의 타일도, 밋밋한 뒷벽도 모두 가파른 사선으로 되어 있어서 불안한 느낌을 줘. 이 낡은 의자에서는 편안한 휴식과 여가를 즐기기보다 잠시 엉덩이를 걸쳤다가 다시 툭툭 털고 일어나 일하러 나가야 할 것 같아.

이번에는 고갱의 의자야.(12쪽) 좋은 목재를 사용해서 장인이 공들여 제작한 의자로군. 의자 위에 놓인 촛불과 책은 여유 있는 중산층의 교양을 뽐내고, 자수 양탄자와 값비싼 벽지는 남부러울 것 없는 윤택한 생활 수준을 말해 주지. 이런 의자에서는 까만 턱시도를 입고 앉아서 우아한 첼로 연주를 감상하기 좋겠네. 아니, 피아노 협주곡도 잘 어울릴 것 같아. 뒷벽과 바닥의 경계선이 정확히 수평을 이루고 있어서 안정감을 주는군. 그래, 이런 의자라면 밤새 빅토르 위고*의 작품을 읽어도 불편하지 않을 거야.

고흐는 두 개의 의자를 따로 그렸어. 고흐의 의자를 왼쪽에, 고갱의 의자를 오른쪽에 나란히 놓으면 의자끼리 서로 마주 보게 되지. 하지만 고갱의 의자를 왼쪽에, 그리고 고흐의 의자를 오른쪽에 놓는다면 의자는 서로 등을 돌리게 되지. 싸우고 돌아선 친구들처럼 말이야. 고흐는 그런 것도 염두에 두었을 거야.

* 빅토르 위고
1800년대 프랑스의 시인이자 극작가이다. 대표작으로는 『레 미제라블』이 있다.

우리는 고흐가 그린 두 의자를 보면서, 의자의 주인에 대해 자연스럽게 떠올릴 수 있어. 가난한 시골 목사의 아들로 자란 고흐의 어린 시절과 페루의 귀족 혈통을 타고 태어나서 파리의 은행에서 근무하며 넉넉하게 살

았던 고갱의 삶에 대해 말이야. 무척 다른 색깔을 가진 두 사람의 성격과 화풍을 빈 의자를 통해 정확하게 표현한 걸 보면, 고흐는 우리가 스쳐보기 쉬운 사소한 물건에도 의미를 불어넣는 특별한 능력을 가지고 있었던 것 같아. 시인으로 치면 비유와 은유로 표현하는 능력일 거야. 흔해 빠진 의자일 뿐인데, 의자를 통해서 한 사람의 삶과 그 삶을 바라보는 화가의 마음까지 표현하다니 정말 굉장하지 않아?

그리고 보니 누렇게 바랜 골풀 의자에 배어 있는 고흐의 땀 냄새를 상상하게 되는군. 고흐는 담배를 눌러 담기 전에 파이프를 손에 꼭 쥐고 때 묻은 바지에 쓱쓱 문질러 닦곤 했을 거야. 뜨거운 햇살을 피하려고 눌러 썼던 밀짚모자는 벗어서 벽에다 걸어 두었겠지. 익숙한 의자에 앉아서 무슨 생각을 했을까? 손톱 끝에 말라붙은 물감을 물끄러미 내려다보는 고흐의 눈빛이 보이는 것 같아. 표정도 볼 수 있다면 좋을 텐데……. 고흐가 의자 그림을 남겨 둔 게 우리한테는 참 잘된 일인 것 같아. 몰랐던 사람의 삶을 알아 가게 해 주니까! 한 점의 그림에 이렇게 많은 이야기가 감추어져 있었군.

고흐는 『더 그래픽』이라는 영국 잡지에서 어떤 화가가 찰스 디킨스(Charles John Huffam Dickens 1812~1870)의 의자를 그린 소묘 작품을 보았대. 잡지를 무심코 넘기다가 빈 의자 소묘를 발견한 순간, 고흐의 시선이 멈추었어. 딱 자기의 심정을 나타낸 것 같았거든. 단순한 대상이나 현상에 뜻밖에 공감하는 순간이 있지. 고흐는 주인 없는 의자를 보고 고갱이 떠난 자리를 연상했던 거야.

빈 의자는 또한 고흐의 마음을 어루만져 주는 수단이 되었어. 의자가 비어 있어서 허탈하지만, 비어 있기 때문에 누군가 그 의자에 앉을 수 있지. 그렇기 때문에 빈 의자는 한없이 절망스럽기도 하지만 간절한 희망의 표현이기도 해. 그 희망은 언제 어떤 얼굴로 우리 앞에 나타나게 될까? 고흐는 그걸 알고 싶었을지도 몰라.

빈 의자 고흐가 빈 의자를 그리기 전에도 많은 예술가들이 빈 의자를 그려 왔지. 그림, 모자이크, 벽화에 그려진 빈 의자가 얼마나 많은지 이루 헤아리기 어려울 정도야. 모두들 어떤 이유로 무슨 희망을 담고 싶어서 빈

언젠가 돌아올 심판자의 의자를 표현했어.

의자를 그린 걸까?

15쪽 그림은 이탈리아 라벤나에 있는 아리아니 세례당의 천장 벽화 그림이지. 여기는 세례를 받는 장소야. 빈 의자를 가운데 두고 두 제자가 마주 서 있어. 제자 바울은 두루마리 책을 들고 있고, 베드로는 천국 열쇠를 손에 쥐고 있군.

여기서 빈 의자는 '하느님과 어린양의 빈 어좌'라는 의미래. 임금님의 자리라고 해서 어좌라고 부르나 봐. 임금님의 어좌는 그 자체로 왕권과 고귀한 지위를 나타내지만, 어좌가 비어 있는 이유는 다시 돌아올 임금님의 자리를 마련해 두었다는 뜻이지. 종교적으로 보았을 때 그날은 심판의 날 또는 종말의 날이라고도 해. 마지막 날에 우리에게 돌아와서 어좌를 차지할 심판자를 위해서 하느님과 어린양의 어좌 그림은 늘 비어 있는 모습으로 표현하곤 해. 이건 또 기독교에서 말하는 미래의 풍경을 미리 본다는 의미로도 읽을 수 있지. 빈 어좌는 다름 아닌 종교적 확신과 염원을 뜻하는 거야.

고흐가 고갱과의 우정을 기리기 위해 그린 두 개의 빈 의자는 이와 비슷한 뜻이 아닐까? 이미 마음이 떠나 버렸지만, 친구 고갱이 언젠가 돌아와서 의자를 맞대고 예전처럼 우정을 나눌 수 있기를 기원하고 있는 것 같아.

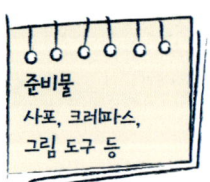

친구와 다툰 날이면 하루 종일 기분이 우울해지지. 내가 뭘 잘못했나 억울하기도 하고, 친구가 야속하다는 생각이 들

고흐와 고갱의 의자에
어떤 선물을 두고 올래?

기도 해. 고갱과 고흐는 자라 온 환경은 달랐지만 그림을 그리는 열정과 자신만의 세계를 표현하려는 의지는 비슷했대. 그렇게 친했던 친구인 고갱이 짐을 싸서 나가 버렸으니 고흐의 마음도 무척 상했을 거야.

　안타까운 마음을 담아서 조금 엉뚱한 상상을 하나 해 볼까? 타임머신을 타고 1800년대로 간다고 상상해 보자. 우리가 고흐와 고갱을 화해시키는 거야. 고흐와 고갱의 빈 의자 위에 화해를 도와줄 선물을 두고 오는 거지. 서로의 마음을 풀어 줄 멋진 선물을 말이야. 우리도 친구의 사과를 받으면 마음이 한순간에 풀리기도 하잖아.

　일단 타임머신을 타고 아를에 있는 고흐의 노란 집으로 가는 거야. 도착하면 숨죽이고 살금살금 들어가는 걸 잊지 마. 잘못해서 쫓겨나면 일이 어그러지니까.

이 친구는 산삼을 담은 약병을 그렸어.
고갱이 몸이 약한 고흐를 위해
산삼을 찾아 놓았다고 상상했대.

케이크에
촛불을 켜고
깜짝 파티를 해 주면
고흐도 행복해할까?

어떤 선물을 두고 왔는지 친구들한테 알려 줘야 하니까 그림으로 그려서 보여 줘야겠네. 이왕이면 고흐의 그림 기법을 조금 흉내 내 보자. 이럴 땐 사포와 크레파스를 이용하는 게 꽤 효과적이야. 사포는 거칠거칠한 질감을 가진 재미있는 종이지. 그래서 사포 위에 크레파스로 그림을 그리면, 고흐 그림처럼 거친 붓 느낌을 흉내 낼 수 있어. 반짝거리는 효과도 낼 수 있지. 이왕이면 검정과 대비되는 색으로 그려야 더 잘 보이겠지? 사포가 없는 친구들은 도화지에 좋아하는 재료로 그려도 돼. 정해진 건 없으니까.

선물은 어떤 게 좋을까? 둘이 함께 마음을 털어놓을 수 있는 자리를 마련해 주게 간식을 좀 두고 오는 건 어때? 신선한 과일이라도 나누어 먹으면서 이야기를 하다 보면 기분도 풀어지잖아. 고흐가 테오한테 편지도 자주 썼다니까 고갱에게도 그림 편지를 써 보라고 귀띔해 주는 것도 좋겠지.

2

'화가'의 눈

■ 수록 작품
반 고흐 〈캔버스 앞의 자화상〉 1888년, 캔버스에 유화, 50.5×65.5cm, 암스테르담 반 고흐 미술관 (21쪽)
작가 미상 〈전능하신 그리스도〉 6세기, 시나이 반도 성 카타리나 수도원 (22쪽)
반 고흐 〈고갱을 위한 자화상〉 1888년, 캔버스에 유화, 52×62cm, 하버드 포그 미술관 (23쪽)
반 고흐 〈자화상〉 1887년, 캔버스에 유화, 디트로이트 미술 연구소 (25쪽)
반 고흐 〈자화상〉 1887년, 캔버스에 유화, 암스테르담 반 고흐 미술관 (25쪽)
반 고흐 〈자화상〉 1886~1888년, 캔버스에 유화, 뉴욕 현대 미술관 (25쪽)
얀 브뢰겔과 페테르 파울 루벤스 공동 작업 〈시각〉 1617년, 목판에 유화, 109.5×64.7cm, 마드리드 프라도 미술관 (29쪽)
앙겔리카 카우프만 〈회화〉 1778~1780년, 130×150.3cm, 런던 왕립 미술 아카데미 (30쪽)
프리다 칼로 〈부러진 기둥〉 1944년, 메이소나이트에 유화, 38.6×31cm, 멕시코시티 돌로레스 올메도 재단 (32쪽)
클로드 모네 〈해돋이, 인상〉 1872년, 캔버스에 유화, 63×48cm, 마르모탕 모네 미술관 (35쪽)

시선 팔레트를 들고 캔버스를 응시하는 이 화가는 누굴까? 그래, 고흐야. 눈썹 사이의 주름이 고랑처럼 패였네. 얼굴을 잔뜩 찌푸리고 골똘히 무얼 생각하고 있는 걸까? 고흐는 지금 자화상을 그리고 있어. 화가가 제 모습을 그린 초상화를 자화상이라고 하지. 하지만 중이 제 머리 못 깎는다고, 관찰력이 좋은 화가들도 자기 얼굴 그리기는 쉽지 않다고 해.

팔레트에는 여러 가지 물감을 짜 놓았어. 작업실이 추워서 그런지 고흐는 두꺼운 옷을 입고 있어. 두꺼운 옷이 거추장스럽긴 해도 붓을 쥔 손을 덜덜

고흐의 자화상

떠는 것보다 낫겠지. 고흐가 입은 파란색 외투에는 여러 색들이 틈틈이 박혀 있어. 서로 다른 색이 평행하게 달리면서 형태를 만들고 있어. 입술, 머리카락도 똑같은 방식으로 그렸군.

그런데 고흐는 왜 오른손에 팔레트를 쥐었을까? 왼손에 붓을 들었으니 왼손잡이인가?

고흐는 거울을 보면서 그림을 그렸어. 그러니까 거울 속에 비친 고흐의 모습이 그림으로 완성된 거야. 거울에서는 좌우가 바뀌니까, 그림 속에서 팔레트를 쥔 오른손은 실제로는 왼손이야. 붓을 쥔 손이 캔버스 뒤에 감

눈동자를 자세히 봐.
양쪽이 조금 다르지?

추어져 있긴 하지만 분명히 오른손으로 자화상을 그린 거지.

그런데 고흐의 눈이 약간 이상한 것 같아. 눈동자가 각각 다른 곳을 바라보고 있어. 한쪽 눈으로는 거울 속 자신의 얼굴을 관찰하고 있고, 다른 쪽 눈은 캔버스에 고정되어 있어. 두 개의 대상을 번갈아 보면서 자화상 작업을 한다는 것을 고흐는 이런 식으로 표현한 거지.

왼쪽 그림은 시나이 반도에 있는 성 카타리나 수도원에 있는 〈전능하신 그리스도〉라는 작품이야. 같은 주제를 다룬 그림 가운데 가장 오래된 거야. 이 그림 속 주인공의 눈도 각각 다른 곳을 보고 있네. 대개 우리의 두 눈은 대상에 대한 정보를 얻고 위험을 감지하기 위해 한군데로 고정되게 마련이야. 하지만 종교화에서는 한 인물의 눈동자가 각각 다른 곳을 바라보는 경우가 꽤 있어. 이 그림에서는 두 눈이 제각기 천상과 지상, 자비와 심판, 내세와 현실을 바라본다고 보면 좋을 것 같아.

오른쪽 그림 속 주인공은 또 누굴까? 이것도 고흐의 자화상이야. 그런데 고흐와 전혀 안 닮은 것 같아! 얼굴의 전체적인 골격은 그렇다 쳐도 눈이 너무 날카롭게 찢어져서 딴사람처럼 보이는걸.

고흐는 일본 판화를 수집하는 취미가 있었다고 해. 서른두 살 무렵 벨기에 안트베르펜에서 일본 판화의 대담한 색채와 구성을 보고 무척 마음에 들어 했어. 그래서 일본 사람의 눈을 가진 자화상을 그렸지. 고흐가 품

22

눈 모양이 고흐의 다른 자화상과 조금 달라.

고흐의 눈

고 있던 일본 미술에 대한 동경과 애정을 나타낸 셈이야. 고흐는 눈의 형태나 시선의 방향에 무척 민감했던 것 같아. 이렇게 엉뚱한 자화상까지 그리다니 말이야.

이제 고흐의 눈과 턱을 좀 더 자세히 볼까? 아까 보았던 자화상처럼 여기서도 색을 혼합하지 않았어. 붓질 하나하나가 '나는 이런 색이야.'라고 주장하고 있는 것 같아.

고흐의 수염

눈에서 군청색, 연두색, 하늘색을 각각 구분할 수 있을 정도야. 더군다나 주황색 점이 찍혀 있는 눈동자는 마치 타오르는 불길을 담고 있는 것처럼 보여. 흔히 눈은 영혼을 비추는 창문이라고 하지. 영혼의 불길이 타오르고 있는 것 같아.

고흐는 턱수염도 비슷한 방식으로 그렸어. 얼마쯤 떨어져서 보면 분명히 갈색 수염이지만 실제로는 적어도 다섯 가지 이상의 색을 사용했어. 거기에다 짧고 거칠면서도 견고한 붓질의 흔적 덕분에 턱수염이 마치 살아 있는 듯 생생해. 윗입술은 붉고 선명하게, 아랫입술은 부드럽게 아래턱의 피부와 연결되어 있군. 햇빛을 받으면 윗입술보다 아랫입술이 약간 밝게 보이는데, 고흐는 그런 섬세한 차이도 놓치지 않았어.

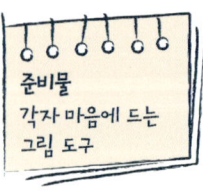

준비물
각자 마음에 드는
그림 도구

고흐는 밀짚모자를 쓴 자화상도 참 많아. 밀짚모자가 나름 잘 어울린다고 생각했나 봐. 겨울에는 펠트 모자가 따뜻하지만, 여름 햇살에는 밀짚모자가 제격이지. 바람이 잘 통해서 시원하니까. 노란색을 유난히 사랑했던 고흐는 노란 밀짚으로 엮어서

고흐의 자화상이야.
고흐의 시선과
표현법을
잘 관찰해 봐.

만든 모자가 마음에 쏙 들었나 봐. 그늘에 앉아서 쉴 때는 모자챙을 잡고 시원하게 부채질도 할 수 있으니 금상첨화지 뭐야.

　자화상을 잘 관찰했으면, 고흐의 밀짚모자를 잠시 빌려 와서 그림을 그려 볼까? 고흐처럼 물감의 색을 섞지 말고, 짧고 간결하게 붓질을 하면서 그리는 거야. 물론 꼭 밀짚모자 자화상이 아니어도 돼.

　그리고 고흐가 눈동자에 주황색을 사용했던 것 기억나지? 그래, 바로 그거야. 결정적인 순간에 아무도 상상하지 못할 대담한 색을 사용하는 거지. 붓을 든 화가는 그림 속 세상의 창조주나 마찬가지니까.

얼굴에
도도한 기운이
흐르는 것 같군.

고흐는 자화상을 서른 점도 넘게 그렸어. 잘생긴 건 아니지만 자신의 얼굴을 무척 좋아했나 봐. 자화상 작업이란 모델을 고용할 비용을 절약하는 의미도 있지만, 화가의 작업실 풍경이나 자기 자신을 응시하는 화가의 시선을 그림의 주제로 삼을 수 있다는 점에서 고흐를 사로잡았던 것 같아. 수염을 깎거나 기른 모습, 얼굴을 왼쪽이나 오른쪽으로 돌린 모습, 밀짚모자를 쓰거나 심지어 귀에 상처를 입고 붕대를 감은 모습 등 다양하게 자신의 얼굴을 그렸어. 바로크 시대 네덜란드의 거장 렘브란트(Rembrandt Harmensz van Rijn 1606~1669)를 빼고 이렇게 많은 자화상을 그린 화가는 고흐가 처음일 거야.

그의 흥미를 끌었던 것이 단순하게 용모의 특징이나 표정의 변화였을까? 그림은 한순간에 완성되지 않지. 그게 그림과 사진의 다른 점이야. 붓을 든 화가는 물감을 고르고 구성을 짜고 시간을 들여서 붓질을 더해 가며 자신과 싸움을 해. 질서와 무질서, 창조와 파괴, 기억과 상상, 불안한 망설임과 거침없는 확신 사이에서 끊임없이 전투를 치르지.

자화상을 그리는 화가는 자신의 눈과 거울이라는 두 가지 무기를 들고 전투에 나가. 거울을 통해서 자신을 대상화하고, 자신의 시선을 거울 속으로 던져 넣고, 거울 속의 눈을 빌려 거울 밖의 자신을 관찰하는 거야. 그림을 그리는 주체가 화가 자신이면서 동시에 그림의 대상도 되는 신비스러운 모순이 바로 자화상 작업이야.

그렇기 때문에 맘에 들지 않는 부분을 아름답게 고친다거나 또는 멀쩡한 외모를 멋대로 찌그러뜨려도 상관없어. 그리다가 그만두거나, 죄다 지우고 처음부터 시작하는 일도 있지. 그건 전적으로 화가의 선택이고 자유야. 그렇기 때문에 붓을 든 화가는 창조주처럼 전능한 존재로 변신하지. 제아무리 창조주라도 화가에게 간섭할 수 없을 테니까.

준비물
따뜻한 관찰력,
다양한 그림 도구 등

친구야, 네 얼굴 마음에 들어?

고흐가 그린 수많은 자화상을 보면, 움직이는 듯한 붓놀림과 다양한 색채가 느껴져. 그림을 보고 나니 여러 가지 질문이 떠올라. 사람의 얼굴에는 왜 이렇게 많은 선이 들어가 있을까? 같은 동작이나 표정을 그리면서도 왜 서로 다른 색으로 표현한 걸까?

매일 붙어 다니는 친구의 얼굴을 그려서 서로 바꿔 봐. 고흐의 기법으로 독특하게 그린 자신의 얼굴을 보면 기분이 묘해지겠군.

친구의 생김새를 천천히 살펴보자. 머리카락, 이마, 눈썹, 눈동자, 코, 인중, 입술, 턱의 모양 등 하나도 빼놓지 말고 관찰하는 거야.

그렇게 자신을 꼼꼼하게 바라봐 주는 모습만으로도 친구는 따뜻한 기분이 들지도 몰라. 한번 물어봐도 좋겠다. 너를 이렇게 자세히 관찰해 주는 나를 보니 어떤 생각이 드는지 말이야. 그리고 고흐의 기법으로 그려 준 초상화를 서로 나눠 보며 다시 한 번 질문해 보는 거지. 네 얼굴색은 마음에 들어? 눈하고 코는 어때? 이 그림은 세상에 단 하나뿐인 너의 얼굴이자 널 바라보는 나의 마음이라는 말도 덧붙이면서 말이야.

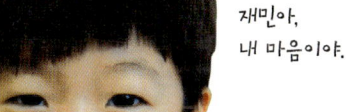

재민아, 내 마음이야.

기분이 좋을지 나쁠지는 각자의 판단에 맡기겠어.

화가의 눈 눈은 화가의 가장 중요한 무기이자 작업 도구야. '몸이 천 냥이면 눈이 구백 냥'이라는 속담 들어 봤지? 예로부터 눈으로 보는 시각은 다섯 감각 가운데 가장 중요하게 여겨졌어. 눈을 감각의 제왕이라고 불렀지.

우리 인간은 다섯 가지 감각을 가지고 있어. 시각, 청각, 후각, 촉각, 미각을 가리켜 오감이라고 하지. 오감은 인간과 세상의 경계를 나누는 다섯 개의 성문으로 일컬어지기도 해. 인간에게 오감이 없다면 어떻게 아름다운 음악을 듣고, 꽃향기를 즐기고, 맛난 음식을 음미할 수 있겠어? 감각이 없다면 그건 길가에 박혀 있는 돌덩어리와 다른 점이 없겠지.

고흐가 태어난 네덜란드에서는 뛰어난 화가들이 많이 배출되었어. 특히 17세기에는 인문주의가 번성하고 예술이 황금시대를 이루던 시기여서 별처럼 빛나는 화가들이 쏟아져 나왔지. 그 가운데 얀 브뢰겔(Jan Brueghel 1568~1625)은 특히 정물화를 잘 그려 이름을 떨쳤다고 해.

특히 얀 브뢰겔과 루벤스가 그린 〈시각〉은 우리가 눈으로 누릴 수 있는 최고의 성찬을 보여 주고 있어. 아름다운 작품들이 웅장한 궁성 건축물 안에 빼곡하게 채워져 있어서 눈이 호강한다는 감탄이 절로 나오는 작품이야.

그림 속에서 파란 옷을 걸친 여자는 '회화'를 상징해. 회화의 여신이 눈을 즐겁게 해 주는 화려한 연회로 우리를 초대하고 있는 셈이야. 이곳에는 신의 피조물 대신에 인간의 재능과 노력이 창조한 예술로 가득 차 있어. 이건 화가가 붓으로 표현한 예술가의 자부심이기도 하지.

중세에는 사상, 철학, 도덕의 기준을 종교가 정했어. 의학, 과학, 예술

회화의 여신이 인간의 손으로 만든 예술품을 한곳에 다 모아 두었어.

그림 속 여인은 화가의 자화상이야.

의 가치까지도 종교적 기준에 따라 자리매김되었지. 하지만 중세가 저물고 근대의 동이 트면서 상황이 달라지기 시작했어. 인간이 스스로의 의지에 따라 행동하고 자신의 눈으로 세상을 보게 되면서, 세상의 중심은 신이 아니라 인간으로 바뀌게 되었어.

내가 내 삶의 주인이 되어서 내 눈으로 세상을 본다는 건 정말이지 신나는 경험이었어. 그리고 인간은 자신의 무기가 신에게 올리는 기도가 아니라 다섯 가지 감각이라는 사실을 깨달았지. 중세 시대까지는 오감을 주제로 그린 그림이 하나도 없다가 근대에 들어서서 갑자기 쏟아져 나온 건 바로 이런 이유 때문이었어.

위에 있는 그림에는 여자 주인공이 붓과 팔레트를 들고 있어. 무지개를 그리고 있는 걸까? 젊고 아름다운 화가가 우아한 자태로 그림을 그리고 있어서 보기만 해도 즐거워. 눈을 즐겁게 하는 것이 회화의 의무라면, 이 그림은 그 조건을 훌륭하게 충족시키는 셈이지. 그런데 팔레트에는 물감의 흔적이 하나도 안 보여. 이상하군. 웬일일까? 그래, 화가는 무지개를 그리는 게 아니라, 붓에 무지개를 적셔서 자연으로부터 색의 비밀을 배우고 있는 거야.

자연은 예술의 어머니라는 격언이 있지. 자연과 꼭 닮은 예술 작품이 가장 훌륭하다는, 아름다움에 대한 고전적인 잣대에서 나온 말이야. 그러니까 회화는 색채의 사용법을 무지개(자연)로부터 배워 왔다는 사실을 말해 주는 그림이야.

붓을 든 주인공은 〈시각〉과 마찬가지로 '회화'를 상징해. 흥미로운 점은 이 그림을 그린 스위스 화가 앙겔리카 카우프만(Angelica Kauffmann 1741~1807)이 그림 속 여인의 얼굴에 자신의 자화상을 그려 넣었다는 사실이야. 자신을 회화의 여신으로 표현한 거지. 그건 마치 어떤 시인이 자기를 문예의 신 아폴론이라고 떠벌리는 것처럼 대담하고 당돌한 주장이야.

앙겔리카 카우프만은 왜 이런 뻔뻔스러운 자화상을 그렸을까? 아마도 이 그림을 통해서 화가라는 직업에 대해 정당하게 평가해 달라고 사회에 요구하는 걸 거야. 고귀한 감각인 시각의 주체일 뿐만 아니라 자신의 세계를 홀로 창조하는 참다운 예술가의 모습을 표현하고 싶었던 거지.

멕시코의 여류 화가, 프리다 칼로(Frida Kahlo 1907~1954)도 아주 많은 자화상을 그렸어. 현대 화가 가운데서도 단연 손꼽을 정도지. 평생 그린 그림 가운데 자화상이 아닌 작품이 거의 없다고 해.

프리다 칼로는 학교에 다닐 때 버스를 타고 가다가 심각한 사고를 당해서 큰 상처를 입었어. 더군다나 선천적인 기형으로 아기를 낳지 못하는 운명이었지. 불행한 사건을 겪고 난 뒤에 자신의 삶을 마주하고 그림으로 그리는 것이 그녀의 삶이 되었어.

32쪽 그림 속에 있는 여인의 눈을 봐. 프리다 칼로는 똑바로 서서 우리를 정면으로 바라보고 있어. 그림 앞에 있는 사람은 눈물을 뚝뚝 흘리고 있는 그녀의 눈을 피할 수 없을 정도야. 상상할 수 없을 만큼 큰 고통을 혼자 감당해야 했던 프리다 칼로의 모습이 너무 처절해 보여. 그림 속에서

여인의 눈에는 슬프지만 굳건한 의지가 담겨 있어.

는 맞춤 코르셋이 부러진 허리를 간신히 지탱하고 있는데, 어디선가 무수히 많은 날카로운 쇠못이 나타나서 이곳저곳을 찔러 대며 춤을 추는군.

아무리 힘든 일을 당한 사람이라도 프리다 칼로의 자화상을 보면 위로를 받을 수 있을 것 같아. 견디기 힘든 아픔을 제 것으로 받아들이는 그림 속의 주인공 앞에서 내가 당하는 현실의 고통은 대수롭지 않게 여겨질 테니 말이야.

하지만 프리다 칼로는 고통의 크기에 대해서 말하려고 이 그림을 그린 건 아니었어. 어떤 고통이라도 그것을 자신의 운명으로 수용하고 외면하지 말자고, 그리고 그것을 모두의 것으로 나누면서 서로를 위안하는 힘을 얻자고 말하고 있지. 하지만 정말 궁금해. 여리고 상처 입은 몸 어디에서 그런 용기가 나온 걸까? 자화상 속에 있는 화가의 눈을 보면 답을 알 것도 같아.

마음의 눈 인상파 화가 가운데 모네(Claude Monet 1840~1926)와 고흐의 작업 방식을 비교해 보면 화가의 눈에 대한 생각 차이를 알 수 있어. 고흐는 무척 신중한 사람이었어. 적어도 그림을 그릴 때는 그랬어. 오랫동안 관찰하고, 구상하고, 어떻게 그릴지 확정한 다음에도 붓을 잡지 않고 밑그림부터 시작했지. 습작을 그리고 또 고치기를 여러 번 되풀이하면서 마음에 드는 밑그림이 완성될 때까지 머리를 싸매고 고심했어.

반면에 모네는 밑그림은커녕 팔레트도 생략하고, 물감 튜브에서 바로 붓에 물감을 짜서 그리곤 했다니까 성격이 무척 급했나 봐. 사실 성격 탓이라기보다는 자연이 주는 순간의 인상을 포착하기 위해서 그랬다고 하지. 마치 낚시꾼이 바늘에 걸린 물고기를 낚아채는 것처럼 대기 중에 둥둥 떠다니는 색채를 잡아 두는 방식으로 그림을 그렸다니까 말이야.

가령 모네가 1872년에 그린 르아브르 항구의 풍경이 바로 그렇게 그린 작품이야. 이 작품은 〈해돋이, 인상〉이라는 제목으로 전시되었고, 그 덕분에 인상주의라는 용어가 탄생했지. 전시회 관람자들은 모네의 그림이 손으로 그렸는지 발로 그렸는지 분간할 수 없어서 고개를 갸우뚱했다고 해. 게으른 화가가 그린 무성의한 그림이라며 비판하는 비평가도 있었지. 하지만 오늘날 이 작품은 현대 미술의 역사에 한 획을 긋는 아주 중요한 작품으로 인정받고 있어.

모네는 화가가 그림을 그릴 때 판단이 개입되어서는 안 된다고 생각했어. 자신의 생각과 경험을 녹여 넣는 작품을 거부한 거지. 화가의 눈은 카메라의 렌즈처럼 차갑고 투명하면 그것으로 충분하다고 생각했어.

르아브르 항구의 새벽은 제법 쌀쌀했을 거야. 모네는 아직 해가 뜨기도 전에 미리 보아 둔 자리로 나가서 서둘러 그림 준비를 했겠지. 그리고 해가 떠오르는 순간을 기다렸어. 밤새 짙은 어둠에 잠겼던 항구의 실루엣이 서서히 기지개를 펴면서 형태를 드러내고, 새벽을 알리는 붉은 색조가 수면과 안개로 뒤덮은 공간에 스며드는 순간, 모네는 미친 듯이 붓을 휘둘렀어.

팔레트 따윈 필요하지 않았지. 어차피 어슴푸레한 새벽에 물감을 섞어 보았자 색을 구분할 수 없는 데다, 빠르게 수면 위로 떠오르는 아침 해가 언제 붉은색을 거두어들일지 모를 노릇이었거든. 〈해돋이, 인상〉에서 서

모네는 빠르게 붓을 놀려 순간의 모습을 캔버스에 담았어.

투른 듯 보이는 성급한 붓질은 모네의 다급한 심정을 나타내고 있어.

하지만 고흐는 달랐어. 고흐도 인상주의에서 출발했지만 모네의 생각과는 다르게 붓질 하나, 색의 스침 하나에도 감정과 의미가 담겨 있다고 생각했어. 카메라의 눈이 아니라 마음의 눈이 중요했던 거야. 그렇게 고흐는 표현주의의 씨앗을 처음으로 뿌린 화가의 모습으로 자리를 잡아 갔지.

'퍼즐처럼 이어지는' 배움의 조각

■ 수록 작품

반 고흐 〈광부〉 1882년, 종이에 연필 등 혼합 재료, 오텔로 크뢸러뮐러 미술관 (39쪽)
반 고흐 〈직조공〉 1884년, 암스테르담 반 고흐 미술관 (40쪽)
반 고흐 〈실 감는 노인〉 1884년, 암스테르담 반 고흐 미술관 (40쪽)
반 고흐 〈직조공〉 1884년, 캔버스에 유화, 84.4×62.5cm, 보스턴 미술관 (41쪽)
반 고흐 〈이탄을 지고 가는 광부의 아내들〉 1882년, 종이에 목탄과 수채 물감, 오텔로 크뢸러뮐러 미술관 (42쪽)
윌리엄 아돌프 부게로 〈사티로스와 요정들〉 1873년, 캔버스에 유화, 179.8×260cm, 매사추세츠 주 클라크 미술관 (43쪽)
반 고흐 〈그림 편지〉 1882년, 암스테르담 반 고흐 미술관 (44쪽)
외젠 들라크루아 〈모로코의 그림일기〉 1832년 (45쪽)
반 고흐 〈그림 편지 : 위는 농부와 아낙네, 아래는 이탄 더미와 농가〉 1883년, 암스테르담 반 고흐 미술관 (46쪽)
렘브란트 반 레인 〈루크레티아〉 부분 그림 1666년, 미네아폴리스 미술 연구소 (48쪽)
장 프랑수아 밀레 〈만종〉 1857~1859년, 캔버스에 유화, 66×55.5cm, 파리 오르세 미술관 (51쪽)
장 프랑수아 밀레 〈씨 뿌리는 사람〉 1850년, 캔버스에 유화, 101.6×82.6cm, 보스턴 미술관 (52쪽)
반 고흐 〈씨 뿌리는 사람〉 1889년, 64×55cm, 오텔로 크뢸러뮐러 미술관 (52쪽)
작가 미상 〈씨 뿌리는 사람, 11월의 노동〉 13세기, 아미엥의 노트르담 대성당 입구 부조 (53쪽)
작가 미상 〈월별 노동 : 타작하는 사람〉 13세기 초, 샤르트르의 노트르담 대성당 원형 색유리창 (53쪽)
반 고흐 〈씨 뿌리는 사람〉 1882년, 암스테르담 반 고흐 미술관 (54쪽)
반 고흐 〈씨 뿌리는 사람〉 1888년, 81×64cm, 캔버스에 유화, 오텔로 크뢸러뮐러 미술관 (55쪽)
반 고흐 〈씨 뿌리는 사람〉 1888년, 32×40cm, 캔버스에 유화, 암스테르담 반 고흐 미술관 (56쪽)

가난한 사람들 고흐가 벨기에 보리나주 광산에서 설교자로 일할 당시, 광산 노동자들의 비참한 현실을 지겹도록 목격했지. 보리나주는 레 미제라블의 참상이 실제로 존재하는 장소였어.

고흐는 광부들을 따라서 사람이 들어갈 정도로 큼직한 두레박을 타고 지하 700미터의 갱도까지 들어간 적이 있었어. 하늘이 별빛만큼이나 조그맣게 보일 때까지 줄을 타고 내려가는 동안 끔찍한 뱃멀미를 경험했대. 아래로 내려가자 납골당 같은 작은 구멍마다 희미한 램프에 의지해 일하는 노동자들이 보였지. 주로 체격이 작은 광부들이었고, 어린아이, 심지어 소녀들까지 있었어. 그들은 지하 감옥 같은 그곳에서 탄을 캐어 탄차에 싣는 일을 하고 있었지. 탄차를 끄는 건 늙고 작은 말들이었어. 그들은 모두 석탄가루가 땀에 범벅이 되어서 움직이는 석탄 덩어리처럼 보였지.

고된 광부의 모습

고흐는 이들의 고된 삶을 외면하지 않기로 결심했어. 고흐는 동생 테오에게 보내는 편지에 지하 탄갱에서의 체험을 털어놓으면서 "세상에서 가장 밑바닥 인생이 바로 광부들이야. 몽유병자처럼 아무 생각 없이 옷감을 짜는 직조공들도 마찬가지야. 나는 이곳에서 2년 동안 지내면서 그들을 잘 이해하게 되었어."라고 썼지.

직조공은 하루 종일 일해도 푼돈밖에 벌지 못했어. 연자매*를 끄는 가축처럼 쉼 없이 일하는 대가치고는 너무 가혹했어. 산업 혁명의 경계 바깥

* 연자매
일반 맷돌보다 수십 배 정도 커서 사람 대신 소나 말이 돌리는 맷돌이다.

으로 밀려난 수공업자들은 아무리 몸부림쳐도 가난의 굴레를 벗어날 수 없었어. 게다가 흉년이라도 닥치면 앉아서 굶어 죽곤 하는 가련한 존재들이었어.

돛단배처럼 생긴 베틀 위에 올라서 고개를 숙이고 부지런히 손을 놀리는 직조공은 비쩍 마른 몸에 기운이 하나도 없어 보여. 미래에 대한 희망이 없으면 의욕도 사라지게 마련이지.

고흐는 원래 목사였던 아버지를 따라 성직자가 되고 싶었다고 해. 그런데 스물다섯 살이 되던 1878년, 신학교 입학 시험에 떨어지고 벨기에 보리나주 탄광촌에서 설교자로 살면서 생각이 바뀌었지. 고흐는 가난한 사람들에게 마음이 끌렸어. 대지를 닮은 그들의 삶과 노동의 무게에 짓눌

삶의 의욕을 잃어버린
직조공의 모습

린 그들의 어깨를 보며 끝없이 연민을 느꼈지. 고흐는 설교자 노릇을 6개월 만에 그만둔 뒤에도 탄광촌에서 무보수로 일을 하면서 가난한 사람들을 소재로 삼아 그림을 그리기 시작했어. 곡괭이를 들고 고개를 숙인 채 일터로 나가는 사람들, 기도하는 할아버지, 수확이 끝난 밭에 굴러다니는 감자를 줍는 사람들, 병든 말 등을 그리면서 고흐는 자신이 본 것을 기록해 두었어.

   42쪽 그림도 그중 하나야. 석탄 자루를 등에 진 사람들이 마치 신성한 제사 행렬처럼 줄을 지어서 힘겹게 걸어가고 있어. 이들의 어깨를 짓누르는 건 다름 아닌 삶의 무게야. 죽을 때까지 가난을 벗어나지 못하다가 병에 걸려서 쓸쓸히 죽어 가는 사람들이 고흐는 가여워서 견딜 수 없었어.

탄광촌 사람들이 짊어진 삶의 무게를 표현했어.

탄광 노동자들이 조금 더 괜찮은 환경에서 일할 수 있게 하려고 여러 모로 애를 썼지만, 소용없었어. 그가 할 수 있는 일은 기도밖에 없었어.

이 시기에 고흐가 그린 전원 풍경은 노동자와 불평등한 사회의 모습을 담고 있어. 부당한 것에 대해 생생하게 증언했다는 점에서 우리는 시대를 향해 붓을 들고 외치는 고흐의 고발을 읽을 수 있지.

사실, 전원 풍경은 오래전부터 도시의 삶에 지친 몸과 마음을 치유하는 휴식과 풍요의 의미로 그려졌어. 예술가들은 무지개가 있는 풍경, 신비롭고 장엄한 풍경, 역사를 일깨워 주는 폐허 풍경 그림이야말로 진정한 풍경화라고 말해 왔지.

부게로가 그린 요정들

예를 들어, 고흐보다 10년쯤 앞서 전원 풍경을 그린 부게로(William-Adolphe Bouguereau 1825~1905)의 그림을 보자. 그림에서는 사티로스와 요정들이 서로 웃고 떠들며 어울리고 있어. 프랑스의 화단은 부게로의 신화적 풍경이야말로 아름다운 예술의 본보기라며 엄지를 치켜들었지. 19세기 프랑스 화가들은 올림포스*의 황금빛 구름에 둘러싸여 생로병사의 고통이 존재하지 않는 황금시대의 전설을 꿈꾸었거든. 그리고 예술의 진정한 의무는 이상향인 아르카디아*를 그리고 노래하는 것이라고 믿었어.

하지만 고흐는 가난의 굴레에 갇힌 채 굳은살이 박힌 손으로 곡괭이를 든 사람들의 편에 서기로 했던 거야. 마음을 움직이는 진실이야말로 예술

* 올림포스
그리스 신화에 나오는 신들의 궁전.

* 아르카디아
그리스 펠로폰네소스 반도에 있는 지역이다. 르네상스 시대 이후 풍요로운 자연으로 가득 찬 이상향으로 묘사되었다.

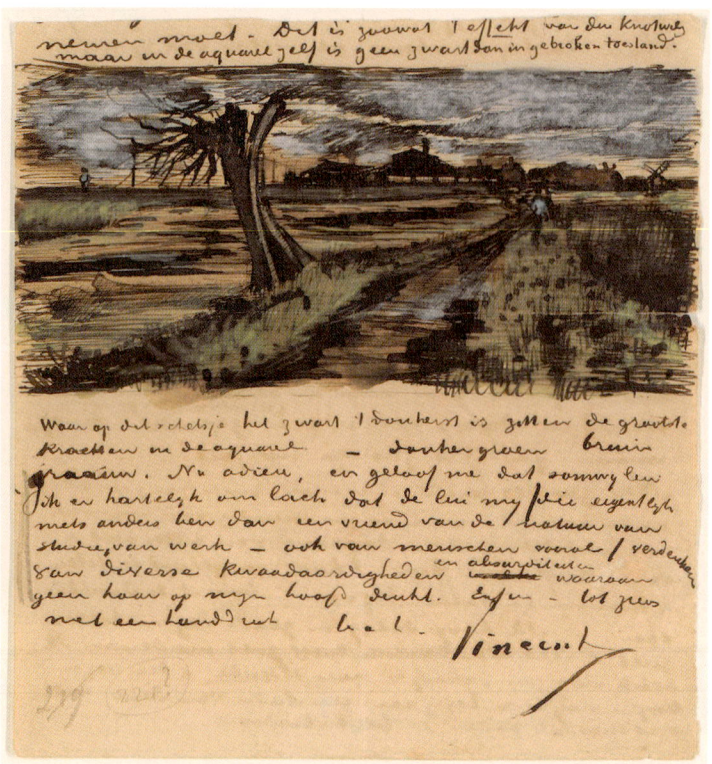

고흐가 쓴
그림 편지

이 꿈꾸어야 할 참된 가치라고 확신했기 때문이지. 그리고 이때 남긴 기록과 편지는 고흐의 작품에 밑거름이 되었어.

그림 편지 고흐는 편지를 많이 썼어. 동생 테오에게 보낸 편지가 가장 많고, 누이와 어머니에게 보낸 편지 그리고 다른 친구들에게 보낸 것까지 합치면 900통을 웃돌지. 모두 팔만 단어가 넘는다니 엄청난 기록광이었나 봐. 감명 깊게 읽은 책, 자연 관찰, 이웃들 이야기 그리고 사회 문제에

들라크루아의
그림일기

이르기까지 고흐는 자신의 머리를 지배하는 관심사들을 닥치는 대로 편지에 썼어. 그리고 편지지 한쪽에 간단한 스케치를 그려 넣었지. 글로 다 하기 어려운 부분은 그림으로 표현하고, 그림으로 그리기 힘든 자세한 설명은 글로 적었던 거야. 글과 그림이 서로 돕는 그림일기 같은 편지였어.

들라크루아(Ferdinand-Victor-Eugène Delacroix 1798~1863)는 고흐가 좋아했던 낭만주의 화가였어. 들라크루아는 고대 그리스의 대리석 조각을 베끼던 차가운 고전주의 미술에 반기를 들고, 끓어넘치는 열정과 격렬한 감정을 그림에 담았지.

들라크루아도 고흐가 쓴 그림 편지와 비슷한 그림일기를 남겼어. 위에 있는 그림일기는 모로코를 방문했을 때 그린 거야. 그림일기에는 아프리카

고흐의 그림 편지

의 작열하는 태양과 이국적인 소재들로 채워져 있어. 고흐의 그림 편지는 대체로 어둡고 암담한 현실을 담았다면, 들라크루아는 오리엔트의 신비에 흠뻑 매료된 북유럽 화가의 흥분과 열광을 보여 주는 것 같아.

들라크루아는 고흐가 그림 편지를 그리기 반세기 전인 1832년 초에 모르네 백작의 외교 사절단과 함께 모로코에 갔다고 해. 그곳에서 들라크루아는 골목길만 나서도 수천 년 전 호메로스*의 시대가 살아 숨 쉬는 것 같다며 벅찬 감동을 드러냈지. 들라크루아의 작품마다 신화의 숨결이 나타난 것은 결코 우연이 아니었어.

* 호메로스
고대 그리스의 시인.

고흐나 들라크루아처럼 우리도 그림 편지를 써 볼까? 여행 엽서나 방학 숙제로 그려 봤던 그림일기의 형식을 빌려 와도 좋겠다. 종이를 반으로 나누어서 한쪽에는 편지글, 다른 한쪽에는 그림을 그리는 거야. 간단히 채색을 해도 좋겠지. 오가면서 보았던 은행나무 가로수, 우체통, 떡볶이 집 아주머니, 목욕탕……

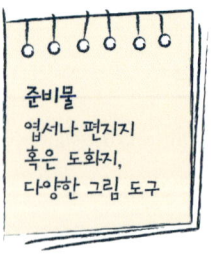

준비물
엽서나 편지지 혹은 도화지, 다양한 그림 도구

내가 늘 보아 오던 것, 아니면 오늘 처음 발견한 것, 어떤 것이라도 좋아. 오늘 하루 나를 행복하게 해 준 것에 대해 쓰는 거야.

아, 그림 편지를 고흐 아저씨에게 보내는 것도 재미있을 것 같아. 지금까지 고흐 아저씨 그림도 보고 살아온 이야기도 들었으니까 답장 쓰는 기분으로 편지를 쓰는 거야. 혹시 누가 알겠어? 너희들이 쓴 편지를 받아 보고 별나라를 여행 중인 고흐 아저씨가 흐뭇하게 미소를 지을지…….

현준이는 고흐 아저씨에게 편지를 썼어.

고흐의 스승들 렘브란트는 고흐가 가장 좋아하는 화가야. 서로 만날 기회는 없었지만, 고흐는 미술관에 있는 렘브란트의 작품을 죄다 외우다시피 했어. 옛 거장의 걸음걸이나 표정까지도 눈앞에 떠올릴 정도였지.

렘브란트가 활동했던 17세기에는 화가들 사이에서 물감을 아껴 쓰는 게 미덕이었다고 해. 하나같이 어찌나 붓질이 얇고 매끄러운지, 다 그리고 말린 그림 위에 달걀을 깨서 올려놓고 기울이면 달걀노른자가 터지지 않고 스르륵 미끄러졌다는 이야기도 있어. 거울처럼 반들거리는 그 당시 그림들 사이에서 렘브란트의 작품은 단연 돋보였겠지. 왜 그랬을까?

렘브란트는 물감을 아끼는 법이 없었어. 그림에는 물감 덩어리가 뭉텅이로 굳어 있었지. 그런 그림을 보고 당시의 비평가 하우브라켄은 놀란 나머지 "렘브란트는 도무지 절약을 모르는 이상한 화가다. 그가 그린 초상화는 주인공의 코를 잡으면 그림을 들어 올릴 수 있을 정도다."라면서 놀려 먹었지. 초상화 주인공의 코를 잡고 그림을 들어 올리려면 코 높이가 5센티미터는 되어야 할 텐데, 아무래도 그건 좀 과장이었던 것 같아. 물감을 아무리 두껍게 발라도 코가 그렇게 높아질 수는 없거든. 글쟁이들 중에는 있는 사실을 한껏 부풀리면서 자신의 존재를 과시하려는 경향이 있는데, 하우브라켄도 그랬었나 봐.

하지만 고흐는 렘브란트의 그런 점이 좋았어. 붓이 지나간 흔적이 살아 있어서 거칠어 보이는 렘브란트의 그림에서는 다른 그림에는 없는 진실한 영혼의 음성이 들려왔거든. 그래서인지 고흐도 물감을 두껍게 발라 짧고 결단력 있게 붓질을 했어. 이런 건 렘브란트를 쏙 빼닮았지. 다른 점도 있어. 렘브란트가 아주 천천히 붓을 놀렸다면, 고흐의 붓은 아주 빠르게 움직여서 속도감이 있어. 그리고 렘브란트가 그림 한 점을 몇 달씩 걸려서 완성한 반면에 고흐는 하루에도 몇 점씩 뚝딱 해치웠대. 그러니 두 화가의 작업 방식이 같다고 평가할 순 없겠지. 게다가 렘브란트는 인상주의를 몰랐으니까!

렘브란트가 그린 〈루크레티아〉를 살펴볼까? 고대 로마 시대에 강력한 권력을 가진 왕자에게 강제로 추행을 당한 한 여인이 있었대. 그 여인은 그 사실을 남편에게 알리고 스스로 자결해서 죽었어. 그녀가 바로 루크레티아야.

렘브란트는 루크레티아의 서글픈 사연을 그림에 담았어.

이 사건을 계기로 여러 부족들은 왕이 중심인 정치 방식에 저항했지. 그 결과 왕정이 물러나고 공화정이 탄생했다고 해. 그 뒤로 루크레티아는 '공화정의 어머니'라는 수식어를 달고 역사 속에 이름을 남기게 되었어.

렘브란트는 남편에게 추행 사실을 알린 루크레티아가 자기 방에 돌아와서 칼로 가슴을 찌르는 순간을 그렸어. 루크레티아의 눈에는 눈물이 고여 있어. 자결이 과연 올바른 선택일까? 나쁜 기억은 얼른 잊어버리고 사랑하는 남편과 함께 아기를 낳고 키우면서 그럭저럭 살 수도 있었겠지. 하지만 루크레티아는 죽음을 통해 권력의 부당함을 사람들에게 알리고 깨우치는 쪽을 선택했어.

루크레티아의 사무치는 감정이 눈빛에 담겨 있어. 이 눈빛은 어떤 구구절절한 언어로도 표현할 수 없을 것 같아. 내면의 소용돌이치는 갈등을 스산하고 쓸쓸한 눈빛에 오롯이 담아낸 렘브란트의 솜씨는 수백 년이 지난 지금까지도 우리를 숙연하게 하지. 이런 걸 '거장의 향기'라고 부르고 싶어.

자신만의 공부 법 렘브란트와 들라크루아 이외에도 고흐에게 감동을 준 화가들이 많아. 사실 고흐는 정식으로 미술 교육을 받은 경험이 거의 없었지. 그래서 홀로 밑바닥부터 한 걸음씩 올라가야 했어. 말하자면 독학 화가인 셈이지. 아니, 그보다는 특별할 거 없이 그저 데생에 목숨을 거는 아카데미 교육 과정에서는, 고흐가 배울 게 없었다고 보는 편이 더 정확할지도 몰라.

고흐처럼 독학으로 그림 공부를 하려면 어떤 방법이 가장 좋을까? 물론 저마다 좋은 길이 따로 있긴 하겠지만, 레오나르도 다빈치가 권한 방법을 하나 예로 들어 볼게. 레오나르도 다빈치는 배움의 길에 들어선 화가에게 다음과 같은 공부 방법을 소개했어. 미술 아카데미의 교육 과정에서도 중요하게 여긴 방법이지.

첫째, 조각 작품을 소묘하기
둘째, 자연을 사생하기
셋째, 마음에 드는 거장의 작품을 모사하기
넷째, 많은 거장들의 작품을 두루 모방하기
다섯째, 모방을 그치고 자신만의 기법을 만들기

고흐는 굳이 순서를 따지지 않고 닥치는 대로 그려 댔어. 뒤늦게 화가의 길로 들어섰으니까 차근차근 단계를 밟아 올라가다가는 영원히 뒤처지게 된다는 불안감 때문이었을 거야. 하루는 구두를, 또 하루는 풍경을, 그러다가 인물화를 그리기도 하고, 동시에 다른 거장들의 작품을 베끼는 식이었지. 그야말로 뒤죽박죽이었어. 하지만 끊임없이 퍼즐을 채워 나가다 보면 언젠가 큰 그림이 완성되는 것처럼, 배움에도 꼭 순서가 중요한 건 아니라고 믿었어. 고흐에게는 그림을 위한 열정이라는 남다른 무기가 있었기 때문이야.

고흐는 본보기로 삼을 만한 스승을 스스로 찾아야 했어. 그 가운데 바르비종파*의 거장으로 불리던 밀레(Jean-François Millet 1814~1875)가 고

* 바르비종파
1830년 무렵 프랑스의 바르비종이란 마을을 중심으로 농촌과 농민 생활을 서정적으로 그린 화가들이다.

밀레의 〈만종〉

흐의 마음에 꼭 들었어.

밀레는 작품 〈만종〉과 〈이삭 줍는 여인들〉로 유명한 전원 화가야. 밀레는 사치와 향락에 찌든 대도시의 화려한 불빛을 뒤로하고, 소박하고 욕심 없는 시골의 삶을 추구했지. 그래서 대지에 뿌리내린 건강하고 경건한 시골 농부들의 노동이나 일상을 소재로 한 감동적인 작품을 많이 남겼어.

그중에서 〈만종〉은 이름 없는 가난한 시골의 농사꾼 부부가 해질 녘의 밭에서 일과를 마치고 고개를 숙여 기도를 올리는 장면이 담겨 있어. 〈만종〉은 원래 '앙겔루스'라는 제목이었대. 앙겔루스는 삼종 기도라는 뜻

위쪽에 있는 건 밀레의 작품이고, 아래쪽에 있는 게 고흐의 작품이야.

이지. 삼종 기도는 아침 여섯 시, 정오 그리고 저녁 여섯 시 이렇게 하루 세 차례 올리는 기도를 말해. 밀레는 그림을 통해 농사꾼 부부가 가지고 있는 신과 자연에 대한 깊은 경외와 두터운 신앙을 보여 주었지.

밀레의 수많은 작품 중에서 고흐는 유독 〈씨 뿌리는 사람〉을 많이 모사했어. 밀레가 그린 〈씨 뿌리는 사람〉과 고흐가 밀레의 그림을 베껴서 그린 〈씨 뿌리는 사람〉을 보면 무척 흡사한 느낌이 들어. 고흐는 마른 스펀지처럼 밀레의 모든 것을 빨아들였지.

그림 속 남자는 옆구리에 찬 씨앗 주머니에서 씨앗 종자를 한 움큼 꺼내서 뿌리며 밭고랑을 따라 휘적휘적 걸어가고 있어. 그 모습이 어슴푸레한 어둠 속에 녹아 있어. 지금은 아침일까, 저녁일까? 아침에 뿌리는 씨앗은 한낮의 햇살에 말라 죽지만, 저녁에 씨앗을 뿌리면 밤이슬의 도움으로 싹을 틔울 수 있겠지.

밀레와 고흐가 그린 '씨 뿌리는 사람'은 아주 오래전부터 농사 달력의 소재였어. 농사 달력에 대해서는 기원전 8세기 헤시오도스(Hesiodos)의 기록이 남아 있긴 하지만, 아마도 인간이 수렵을 그만두고 정착해서 농경 생활을 시작했을 때부터일 테니 훨씬 더 오래되었을 거야.

아미앵 노트르담
대성당의 입구 부조(왼쪽)

샤르트르 노트르담
대성당의 색유리창(오른쪽)

농부는 절기에 맞추어 씨를 뿌리고, 건초를 수확하고, 밀을 베고, 포도나무의 새순을 따고, 살진 가축을 도축해서 겨울철 식량을 저장해야 해. 겨울에는 땔감을 마련해야 하니 한 해가 가도록 쉴 틈이 없지. 혹시나 씨 뿌리는 시기를 놓치면 온 가족이 굶어야 하니 이만저만한 문제가 아니었어. 농사 달력은 식량을 확보하고 굶주림을 피하는 데 반드시 필요했지. 그래서 흔히 중세 시대 교회에서는 색유리창이나 정문 벽면 부조에 열두 달을 하늘의 12궁도와 지상의 노동 일과로 구분해서 기록해 두곤 했지.

위에 있는 작품은 아미앵 노트르담 대성당 입구에 새겨진 부조 〈씨 뿌리는 사람〉이야. 아미앵은 프랑스 수도인 파리에서 북쪽으로 120킬로미터 정도 떨어진 고즈넉한 중세 도시야. 이 부조를 보면 밀레가 그린 〈씨 뿌리는 사람〉의 주인공 자세와 무척이나 닮아 있어. 그러니까 밀레는 농사 달력의 전통을 표현한 작품에서 구성을 빌려 왔고, 고흐는 그걸 다시 모사한 거야.

고흐가 밀레의 작품을 모사하긴 했지만, 의미는 조금 달랐어. 밀레는

고흐는 다양한 구성으로 씨 뿌리는 사람을 그렸어.

바르비종의 전원 환경에서 친숙한 풍속 소재를 골랐을 뿐이야. '씨 뿌리는 사람'은 파종기의 농촌에서 흔히 볼 수 있었지. 하지만 고흐는 같은 소재에 대해서 해석이 전혀 달랐어. 목사가 되려고 신학교에서 공부한 적이 있는 고흐는 단순한 농부의 일상이 아니라 성경에 등장하는 '씨앗의 비유'로 생각했지. 고흐는 여동생 빌헬미나에게 보낸 편지에서 곡식과 씨앗에 대해서 이렇게 털어놓았지.

"너는 자연에서 많은 꽃들이 발에 밟히고, 얼어 죽고, 시드는 걸 봤을 거야. 그리고 잘 익은 곡식이라고 해도 모두 흙으로 돌아가서 싹을 틔우지 않지. 사람도 곡식에 비유할 수 있어……. 사람에게 싹을 틔우는 힘은 바로 사랑에서 나온다고 생각해."

밀레의 그림을 성공적으로 모사한 다음에 고흐는 자신만의 독창적인 구성을 사용해서 여러 차례 '씨 뿌리는 사람'을 그렸어.

그림마다 태양이 지평선에서 대지를 굽어보고, 씨 뿌리는 사람은 큰 걸음걸이로 성큼성큼 걸으며 씨앗을 뿌려. 씨앗을 뿌리면 어떤 씨앗은 길에 떨어져서 말라 죽고, 또 어떤 씨앗은 덤불에 떨어져서 다른 나무 그늘에 가려 생을 마감해. 하지만 기름진 땅에 떨어져 넉넉한 햇살을 받고 성장

곡식은 싹을 틔우는 힘을 따스한 햇빛과 농부의 애정에서 얻겠지?

농부는 모두 풍성한 결실이 되길 바라며 씨를 뿌렸을 거야.

해서 풍성하게 결실을 맺는 씨앗도 있지. 이 이야기는 성경에 나오는 유명한 이야기야.

　성경에 나오는 씨앗은 기독교의 말씀을 비유한 거라고 해. 아무리 좋은 말도 무심하게 흘려버리는 사람이 있는가 하면, 씨앗 한 톨로도 풍성한 결실을 수확하는 사람도 있다는 뜻이래. 그렇다면 여기에서 씨앗을 뿌리는 사람은 누구를 가리키는 걸까?

4

고흐만의 아름다움을 찾아서

■ 수록 작품

반 고흐 〈자화상〉 부분 그림 1887년, 41×32.5cm, 시카고 미술관 (59쪽)
반 고흐 〈슬픔〉 1882년, 연필과 흑색 분필, 44.5×27cm, 영국 월솔 뉴 아트 갤러리 (62쪽)
티만테스 〈이피게네이아의 희생〉 기원전 4세기 그리스 원작을 기원후 1세기 폼페이에서 모작함, 나폴리 국립 고고학 박물관 (63쪽)
반 고흐 〈삽질하는 남자〉 2점, 1882년, 암스테르담 반 고흐 미술관 (65쪽)
샤를 메니에 〈아카데미 누드〉 19세기 초 (65쪽)
반 고흐 〈여인의 토르소〉 2점, 1886년, 암스테르담 반 고흐 미술관 (66쪽)
반 고흐 〈까만 모자를 쓴 브라반트의 아줌마〉 1885년, 캔버스에 유화, 오텔로 크뢸러뮐러 미술관 (68쪽)
테오드르 샤세리오 〈아하스에로스 왕에게 선보이려 준비하는 에스더〉 1841년, 캔버스에 유화, 35×45cm, 파리 루브르 박물관 (68쪽)
반 고흐 〈감자 먹는 사람들을 위한 초상 습작 : 초록색 모자를 쓴 시골 노인〉 1885년, 캔버스에 유화, 29×38cm, 오텔로 크뢸러뮐러 미술관 (69쪽)
반 고흐 〈감자 먹는 사람들을 위한 초상 습작 : 모자를 쓴 청년〉 1885년, 캔버스에 유화, 31×39cm, 브뤼셀 왕립미술관 (69쪽)
반 고흐 〈감자 먹는 사람들을 위한 초상 습작 : 흰 모자를 쓴 시골 여인〉 1885년, 32×41cm, 뷔를레 컬렉션 (69쪽)
반 고흐 〈감자 먹는 사람들〉 1885년, 캔버스에 유화, 114×82cm, 암스테르담 반 고흐 미술관 (70쪽)
반 고흐 〈감자 먹는 사람들〉 1885년, 석판화, 26.5×32cm, 암스테르담 반 고흐 미술관 (71쪽)
반 고흐 〈해바라기〉 1888년, 캔버스에 유화, 71×91cm, 뮌헨 노이에 피나코테크 (72쪽)
얀 다비드존 데 헤임 〈꽃과 과일〉 부분 그림 1660년, 74×60cm, 암스테르담 국립박물관 (73쪽)
반 고흐 〈구두〉 1886년, 캔버스에 유화, 45×37.5cm, 암스테르담 반 고흐 미술관 (75쪽)
소소스 〈청소 안 한 방〉 부분 그림 기원전 2세기 초의 원작을 로마 제정기 초기 모작함, 로마 바티칸 박물관 (77쪽)

고흐는 무슨 생각을 하고 있을까?

슬픔 지금까지 수많은 고흐의 자화상을 보았지만, 어린 시절의 고흐가 어떻게 생겼는지 알려 주는 그림은 하나도 없어. 일곱 살, 또는 열두 살 즈음의 고흐는 어떤 아이였을까?

고흐의 누이는 팔 남매 가운데 장남이었던 고흐에 대해 이렇게 말하곤 했대.

"오빠는 매사에 너무 진지해서 탈이었어요. 주변머리도 없고 눈치도 빠르지 않았지요. 조금 멍청해 보이게 고개를 어깨 밑으로 푹 수그리고 여기 저기 어슬렁거렸어요. 맏이면서도 동생들을 남처럼 대했어요. 하긴 자기 한테도 그랬으니까요."

고흐네 집에서 일을 봐주던 사람들도 무뚝뚝하고 뚱딴지 같은 아이라고 말했대. 고흐는, 머리카락은 붉고 허옇게 뜬 얼굴에 주근깨가 잔뜩 있고 비쩍 마른 아이였어. 그 아이는 고개를 푹 숙이고 애늙은이처럼 세상 근심을 다 짊어진 표정으로 다니곤 했지.

어릴 적 고흐는 가족들에게 별로 환영받지 못했대. 공부도 시원찮고, 하는 일마다 끝을 보는 법이 없어서 가족들은 무척 실망했다고 하지. 그래서 고흐와 함께 사는 걸 달갑지 않게 여겼다는 거야. 고흐는 얼마나 마음이 아팠을까?

집에서 쫓겨난 후에, 테오에게 쓴 편지를 보면 자신의 처지를 매우 비관했다는 걸 알 수 있어. 20년 전 어린 시절 소년 고흐의 가슴에 새겨진 상처는 아물었겠지만, 상처의 흔적과 아픈 기억은 고흐를 끈질기게 따라다녔던 거지.

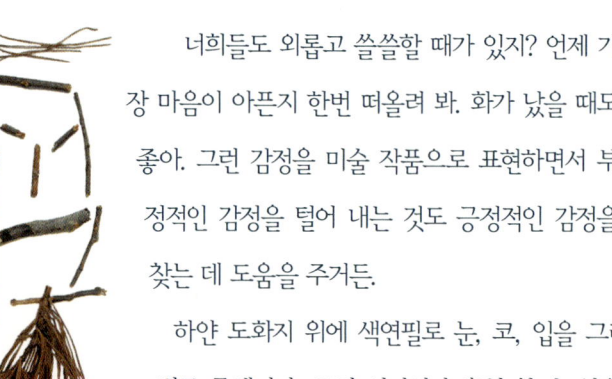

에헴 나 화났다고!

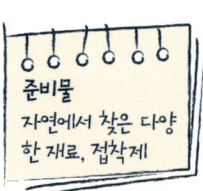

준비물
자연에서 찾은 다양한 재료, 접착제

너희들도 외롭고 쓸쓸할 때가 있지? 언제 가장 마음이 아픈지 한번 떠올려 봐. 화가 났을 때도 좋아. 그런 감정을 미술 작품으로 표현하면서 부정적인 감정을 털어 내는 것도 긍정적인 감정을 찾는 데 도움을 주거든.

하얀 도화지 위에 색연필로 눈, 코, 입을 그리며 감정을 표현하는 방법도 좋겠지만, 그건 어디서나 흔히 할 수 있으니까 우린 좀 더 새로운 방법으로 만들어 볼 거야.

우선 숲으로 가서 햇살 사이로 살랑대는 작은 나뭇잎들을 찾아봐. 그 나뭇잎 사이로 빼꼼 얼굴을 내민 열매들도 말이야. 자연 속에 있는

내 표정을
재미있게 만들어 줄
가면이야.

모든 것이 작품을 만드는 재료가 될 수 있어.

여기저기 흩어진 나뭇잎들은 색깔이 다른 만큼 모양과 크기도 달라. 아기 손처럼 작은 나뭇잎도 있지만, 우리의 얼굴을 가려 줄 만큼 큰 나뭇잎도 있어. 그런 큰 잎은 그대로 나뭇잎 가면으로 써도 손색이 없지. 하지만 우리는 조금 더 멋을 낼 거야.

참, 자연에서는 가위 같은 도구가 없어도 얼마든지 작품을 만들 수 있다는 걸 아니? 우리의 두 손을 살짝만 움직여도 나뭇잎에 구멍을 뚫을 수 있거든. 꽃가지나 열매를 감아서 끼워도 나뭇잎 가면을 장식할 수 있어.

숲 속에서 가져온 재료들을 적절하게 배치해서 다양하게 표현할 수도 있어. 화나고 슬플 때 표정을 표현해 보고, 기쁘고 행복했을 때 표정도 만들어 봐. 그때 어땠는지 이야기도 나누면서 말이야. 세상에는 그렇게 슬픈 감정만 있는 게 아니라는 걸 알 수 있을 거야. 가족의 위로, 친구와 나누는 따뜻한 대화, 웃음 속에 있는 기쁨 등을 생각하면서 긍정적인 감정을 끄집어내는 거지.

예쁘게
자신 있게
웃자!

고흐는 자신의 불행이 어디에서 시작되었는지 이해할 수 없었어. 하지만 그것이 자신의 운명에 불길한 그림자를 드리울 것이라는 사실은 분명히 알고 있었어. 불행이 삶의 그늘이라면, 고흐는 그 어두운 부분까지도 그림으로 그리기로 결심했어. 그러려면 불행으로부터 도망치지 말고 그걸 끌어안으며 철저히 삶으로 겪어 봐야 하겠지.

고흐는 자신처럼 불행을 저주처럼 달고 다니는 여인 시엔을 사랑했어. 시엔은 눈부시게 아름다운 여자는 아니었어. 오히려 정반대였지. 천연두 후유증으로 얼굴이 곰보인 데다 아이가 딸려 있었고, 배 속에는 또 아이를 가진 채로 남자에게 버림받았지. 게다가 끔찍한 병까지 걸려서 죽어 가던 여인이었어. 하지만 고흐는 시엔을 보자마자 한눈에 반하고 말았어. 그녀의 불행을 함께 나누는 것이 진정한 사랑이라고 믿었어.

슬픔을 붓으로 어떻게 표현할 수 있을까? 슬픔은 어떤 색깔일까? 우정, 질투, 연민, 쾌락, 분노, 체념과 같은 내면의 감정을 붓으로 표현할 수 있을까? 그건 아무래도 쉽지 않은 과제야. 제아무리 능숙한 화가라도 쉽지 않아.

시엔을 모델로 그린 이 작품의 제목은 〈슬픔〉이야. 모델의 얼굴은 보이지 않아. 얼굴을 파묻고 있어서

시엔을 통해 표현한 슬픔

우리는 상상의 눈으로만 시엔의 표정을 읽을 수 있어. 고흐는 그림을 감상하는 사람에게 슬픈 감정을 강요하지 않아. 그 대신 보는 사람이 스스로 상상해서 슬픔의 무게를 가늠하게 했어. 이건 아주 오래전부터 눈에 보이지 않는 감정들을 그림으로 표현할 때 자주 쓰던 방법이지.

그림 아래에는 제목인 'sorrow(슬픔)'라는 단어가 적혀 있고, 그 아래에는 1860년 쥘 미슐레의 논문 〈여자〉에 실린 '세상에 어떻게 여자가 홀로 있을 수 있단 말인가!'라는 구절을 인용했어.

고흐처럼 슬픔을 표현한 작품이 있어. 이탈리아 폼페이에서 발굴된 벽화 그림 〈이피게네이아의 희생〉이야. 원래는 고대 그리스의 화가 티만테스(Timanthes)가 이 작품을 그렸다고 해. 그걸 로마 시대의 화가가 폼페이의 저택 벽화로 베낀 거지.

이피게네이아는 미케네 왕국의 공주였대. 아버지 아가멤논 왕은 트로이를 정복하기 위해 모인 그리스 연합군의 사령관이었다지. 이 그림은 전쟁에 앞서 예언자 칼카스의 충고에 따라 친딸인 이피게네이아를 아르테미스 여신의 희생 제물로 바치는 장면이야.

화가 티만테스는 이 작품에서 끌려가는 딸을 바라보는 아버지 아가멤논의 슬픔을 표현하기 위해 그의 얼굴에 두건을 씌워서 감추었다고 해. 그림 왼

트로이 전쟁에 얽힌 그리스 신화의 한 장면이야.

슬픔에 젖어 있는 아가멤논

쪽, 두건으로 얼굴을 덮은 사람이 바로 아가멤논이야. 고흐가 그린 〈슬픔〉처럼 오직 상상의 눈으로 아가멤논의 표정을 읽을 수 있어. 두건 속에 너무 울어서 퉁퉁 부은 아가멤논의 눈이 보이는 것 같아. 티만테스처럼 고흐도 상상의 힘이 붓으로 그린 눈물보다 강력하다는 사실을 알고 있었나 봐.

고흐는 기쁨과 슬픔이 한 쌍을 이루는 것처럼 행복과 불행 그리고 아름다움과 추함도 수평을 이룬 양팔 저울처럼 같은 무게로 다루어야 한다고 믿었어. 적어도 미술의 세계에서는 아름다움과 추함이 똑같은 대접을 받아야 한다고 말이지. 만약에 모든 예술가들이 아름다운 것만 다룬다면 예술의 세계가 얼마나 따분하겠어? 한 가지 꽃만 핀 봄 동산처럼 정말 심심하겠지.

과연 늙고 시든 것, 말라서 뒤틀린 것, 추하고, 더럽고, 냄새나고, 낡은 것들은 그림의 소재가 될 수 없는 걸까? 고흐는 끊임없이 고민했지. 젊어서부터 가난한 사람들, 이름 없고 소소하고 보잘것없는 것, 아무도 거들떠보지 않는 응달진 삶에 자꾸 마음이 끌렸거든.

진정한 아름다움 고흐의 고민은 바로 작품에 반영되었어. 고흐의 스케치는 개성이 워낙 뚜렷해서 한눈에 알아볼 수 있어. 다른 사람이 결코 흉내 낼 수 없는 독특한 매력과 원시적인 힘이 넘치기 때문일 거야. 고흐가 그린 광부나 농부 그리고 직조공 소묘를 그 당시 최고의 엘리트 미술 교육을 받았던 아카데미 미술의 인체 소묘와 비교하면 고흐의 배짱과 담력이 얼마나 대단한지 짐작할 수 있어.

아카데미 미술은 인체의 뼈와 근육을 구분하고 해부학적으로 정확하게 재현하는 것을 목표로 삼았어. 꼭 대리석 조형을 옮겨 놓은 것처럼 그림이 무표정하고 냉담해. 한편, 고흐의 소묘는 비록 세련되지는 않지만 삶에 대한 이해와 이웃에 대한 공감이 짙게 깔려 있어. 이걸 '휴머니티'라고 불러도 좋을 것 같아. 아카데미 미술이 예술을 위한 예술, 귀족적이고 값비싼 취향을 추구했다면, 고흐는 숙련된 손의 기교보다 가슴으로 전해지는 진실을 말하고 싶었던 거야.

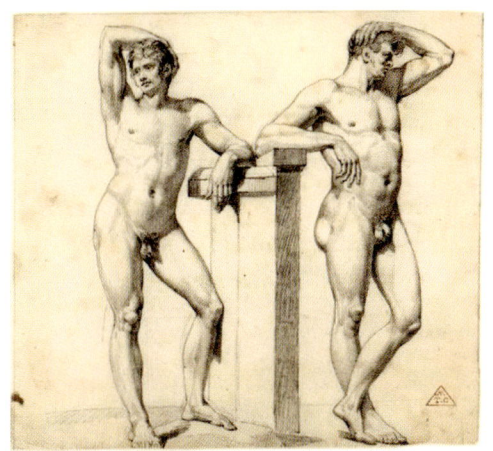

고흐의 광부 소묘(위), 아카데미 미술의 인체 소묘(아래)

고흐는 자신의 내면을 성찰하고 그것을 표현하기 위해 부단히 노력했어. 아카데미 미술이 수천 년 전 고대 그리스의 조형을 본보기로 삼고 검증된 아름다움의 규칙에 매달릴 때, 고흐는 아무도 가지 않는 길을 개척한 거야. 그의 첫걸음은 서툴고 갈피를 잡지 못했지만, 새로운 세기의 미술이 나아갈 길을 선포했어.

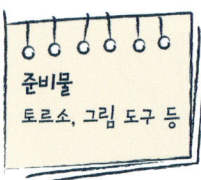
준비물
토르소, 그림 도구 등

고대 그리스의 화가 프로토게네스(Protogenes 기원전 4세기 말)는 누구보다 끈기 있게 그림을 그렸다고 해. 얼마나 꼼꼼하고 치밀한지 보는 사람마다 혀를 내둘렀다는 거야. 그런데 단 한 가지, 한번 붓을 들면 내려놓을 줄 모르는 게 문제였대. 고친 그림을 또 고치다가 머리에 흰서리가 내려앉을 지경이었지. 전통적으로 네덜란드의 정물 화가들은 프로토게네스처럼 자연을 거울에 비추듯이 그린 정교한 화풍을 존중했어.

하지만 고흐는 정반대였어. 고흐는 재빠른 붓놀림으로 가장 본질적인 선을 포착하는 데 집중했어. 음영과 농담을 세밀하게 구분해서 자연의 마지막 한 올까지 베껴 그리는 건 어리석은 짓이라고 생각했지. 그림은 거울이 아니거든. 그런데 왜 거울처럼 똑같이 그린 그림만 대접받는 거지? 이런 의문을 붙잡고 씨름하던 끝에 고흐는 마침내 대상의 참다운 모습을 가장 단순하게 표현할 때 가장 예술답다는 결론에 도달하게 된 거야.

고흐는 석고 모델을 이용하여 꾸준히 연습했어. 아카데미 미술과는 조금 다른 방식이었지. 석고 모델은 살아 있는 모델과는 달리 움직임이 없어서 화가가 마음 놓고

고흐가 그린
석고 토르소

작업할 수 있었어. 그건 아주 중요한 장점이야. 토끼나 까치는 물론, 전문적인 모델들도 오랜 시간 한 자세로 가만히 있는 건 무척 어렵거든. 게다가 모델료를 따로 지불할 필요가 없으니 일석이조지 뭐야. 독학 화가에다 가난을 평생의 벗으로 삼았던 고흐에게 석고 모델은 안성맞춤이었어.

우리도 석고 모델을 이용해서 다양한 표현을 해 볼까 해. 물론 우린 인체를 익힐 게 아니니까 똑같이 그릴 필요 없고 좀 더 상상력을 넓혀서 표현해 보는 거야.

이럴 때 토르소만 한 재료도 없지. 토르소는 머리와 팔다리가 없이 몸통만 있는 조각상이야. 고흐처럼 토르소만 그리면 재미가 없으니까, 우린 거기에서 한발 더 나아가서 의상 디자인을 하는 거야. 토르소를 쳐다보기 민망하다는 친구도 있는데, 그럴수록 서둘러 옷을 그려서 입혀 줘야지. 속옷이든 수영복이든 원하는 옷을 입혀 봐. 어릴 때 종이 인형 놀이 좀 해 본 사람은 빨리 알아듣겠군. 팔다리가 없는 게 안타깝다는 친구들은 멋진 팔다리와 머리까지 그려 주는 것도 좋은 방법이야. 새로운 생명체가 탄생하는 건 일도 아니지.

이제 패션쇼 무대에 서는 일만 남았군.

시골 아낙네와 왕비를 비교하면 누가 더 아름다울까?

고흐는 곰곰이 생각해 보았어. 화가가 작품에 담아야 할 참된 아름다움이란 무엇일까? 시간이 흐를수록 아름다움은 시들기도 하지만 다른 한편으로는 진정한 아름다움과 희망, 사랑의 가치를 드러내기도 해. 그게 시간의 무서운 힘이지. 고흐는 성경에서 이야기하는 '결코 썩지 않는 말씀의 빵' 같은 그림을 그리고 싶었어.

고흐가 그린 시골 아낙네의 모습을 보면, 비록 보잘것없는 옷차림에 넉넉지 못한 삶을 살기는 하지만 가난 앞에서 비굴해지지 않는 굳센 의지가 엿보여. 한편, 샤세리오(Théodore Chassériau 1819~1856)가 그린 이스라엘 왕비 에스더는 남편을 유혹해서 왕의 권력을 이용하려고 아름답게 화장을 하고 있어.

놀라운 사실은 고흐 세대의 화가들이 대부분 샤세리오의 그림을 보고 성장했다는 사실이야. 샤세리오가 그린 에스더 왕비의 아름다움은 그 시대의 아름다움의 절대적인 기준이었어. 하지만 고흐는 다른 길을 갔어. 고흐는 시골 아낙네를 그린 초상화를 통해서 "시간을 넘어서는 참다운 아름다움의 가치는 바로 이런 거야!"라고 자신의 신념을 고백한 거지.

감자 먹는 사람들 파리로 떠나기 1년 전, 고흐는 그동안의 고민과 신념을 담아 공들여 작품을 완성했어. 바로, 〈감자 먹는 사람들〉이야. 밑그림으로 구성을 다듬고, 모델 한 명씩 초상화를 그려서 기초를 다진 다음에 세 차례나 바꾸어 그렸지. 〈감자 먹는 사람들〉은 고흐의 첫 야심작이었어.

창문 밖에서 들여다본 시골 농가의 소박한 식사 장면은 마치 최후의 만

〈감자 먹는 사람들〉의 바탕이 된 농부들의 초상화

감자를 나누어 먹는 사람들 사이로 따뜻한 배려가 오가고 있어.

70

찬처럼 경건하게 보여. 램프가 식탁 위에서 노란빛을 뿜어내고 있어. 아마도 꽤 늦은 시간에 저녁 식사를 하고 있나 봐. 하루의 노동을 마치고 식탁에 둘러앉은 사람들은 찐 감자와 묽은 죽으로 배를 채우고 내일의 노동을 위해 곯아떨어질 거야.

그림이 마치 한 가지 색으로 그린 것 같아. 여러 가지 색을 쓰지 않고 물감 사용을 절제했기 때문이야. 붓질도 무척 거칠고 투박해서 물감 대신 흙을 떠서 발라 붙인 게 아닐까 착각할 지경이야. 감자 먹는 사람들 얼굴이 흙투성이 감자처럼 보이는 게 무리도 아니지.

〈감자 먹는 사람들〉의 등장인물들은 농부 차림을 한 모델이 아니라 진짜 농사꾼들이야. 투박하고 무덤덤한 표정 속에는 힘겨운 일상의 지친 일과를 감추고 있어. 하지만 농부 가족 가운데 누구 하나 괴로움과 불만으로 이지러진 얼굴이 없다는 사실이 우리를 놀라게 해. 그저 고요한 침묵 속에서 눈길과 손길을 통해 서로에 대한 공감과 배려를 표현하고 있을 뿐이야. 고흐는 이 그림을 자신의 그림 중에서 최고의 작품이라고 자평했대.

이 작품이 완성되었을 무렵 테오에게서 연락이 왔어. 그림을 그려서 쌓아 두기만 하지 말고 적극적으로 팔아

고흐의 〈감자 먹는 사람들〉 석판화

보자고 말이지. 고흐는 자신 있게 〈감자 먹는 사람들〉을 파리에 선보이기로 했어. 어디서나 진실은 통하는 법이거든. 하지만 〈감자 먹는 사람들〉은 진열장 먼지만 실컷 뒤집어쓰고 다시 창고로 들어가고 말았대. 파리 시민들은 맨손으로 뜨거운 감자를 후후 불면서 먹는 노동자의 내면을 별로 공감하지 못했던 거지.

구두와 해바라기

고흐의 작품은 초상화뿐만 아니라 정물화도 남달랐어. 특히 구두와 해바라기를 참 많이 그렸어. 낡아 빠진 구두 그림은 열 점도 넘게 남아 있어서 왜 그토록 낡은 구두에 집착했는지 궁금할 지경이야. 또 아를에 머물 무렵에는 방을 모두 해바라기 그림으로만 채울 작정을 하고 무작정 해바라기만 그린 적도 있었어. 꽃잎이 시들어서 바짝 마른 해바라기는 그리 아름다운 소재가 아닌데도 말이야.

소박해 보이지만
색채에서
힘이 느껴져.

17세기의 위대한 정물 화가들은 아름다운 꽃들이 절정의 자태를 뽐내는 꽃병 정물이나 진귀한 조개껍데기 수집품, 먹음직스러운 과일 바구니를 소재로 다루곤 했어. 수확한 농작물을 모아서 풍요를 기원하거나 혹은 정반대로 삶의 무상함을 깨우치는 교훈이 담긴 그림들이었어. 가령 아름다운 꽃 그림이나 조개껍데기 그림을 교훈적 관점에서 보자면 "솔로몬의 영광보다 눈부신 꽃들조차 결국에는 시들고 마는 것처럼 인간의 삶도 한 떨기 꽃과 같이 덧없음을 알아라." 또는

17세기 정물화는 탐스럽고 화려했어.

"진귀한 조개껍데기를 모으려고 재산을 탕진하는 사람은 자신의 재능과 시간을 헛된 일에 쓰는 어리석은 자와 같구나."라고 해석할 수 있지.

정물 화가들은 저마다 솜씨를 뽐내며 꽃잎 하나하나 놓치지 않고 온 정성을 쏟아서 그렸어. 그림을 얼마나 그럴듯하게 그렸는지, 그림 속에 핀 꽃에 벌과 나비에다 오만 가지 곤충까지 꿀을 훔치려고 꼬여 드는가 하면, 붓으로 그린 포도를 쪼아 먹으려고 새들이 그림 속으로 날아들기 일쑤였지. 보는 사람들이 제 눈과 코를 의심할 만큼 짙은 향기를 뿜어내는 그림들이었어.

하지만 정물화의 수천 년 역사를 통틀어서 낡고 해진 구두나 시들고 구부러진 해바라기를 그리는 화가는 고흐가 처음이었어. 그런 점에서 고흐는 뚱딴지 기질이 있는 화가였지.

한번은 고흐가 벼룩시장에서 구두를 사 오더니 너무 새것처럼 보인다면서 일부러 험하게 신고 다녀 망가뜨린 적이 있었대. 고흐의 엉뚱한 행동에 친구들은 어리둥절했지. 하지만 고흐는 오래 신어 낡은 구두야말로 진

정한 구두의 모습을 표현할 수 있다고 생각했나 봐.

고흐가 그린 구두들은 긁히고 낡긴 했지만, 가죽이 두껍고 튼튼해서 농부가 신고 밭일을 하기에 적당한 신발이야. 반짝반짝하게 기름을 발라서 윤을 낸 구두라면 남의 결혼식이나 장례식 같은 곳에나 신고 갈까, 거친 들에서 돌부리에 채이고 흙구덩이에 빠져 가며 일을 하기엔 적당하지 않지.

독일의 철학자 하이데거(Martin Heidegger 1889~1976)는 고흐가 그린 구두 그림을 보고 이게 농부가 신는 작업 구두라는 사실을 단박에 알아보았대. 하이데거도 예술이 진실을 말할 때 진정한 예술이 된다고 주장했었거든. 고흐의 진심이 하이데거에게도 통했나 봐.

그러니까 고흐가 그린 구두는 전원 화가를 꿈꾸던 고흐의 정신적 자화상이기도 한 거지. 그럼 이제 고흐가 그린 구두 그림 한 점을 자세히 살펴볼까?

끈이 풀어진 구두가 입을 시커멓게 벌리고 있어. 시커먼 구멍은 농부의 발을 감싸고 붙잡아 주었던 흔적이야. 이 구두는 저녁 바람이 소슬할 때까지 밭고랑처럼 외롭고 긴 하루의 여정을 농부와 동행했을 거야. 축축한 흙냄새와 거친 바람 소리가 접힌 주름 사이에 박혀 있어서 툭툭 털어 낼 수 있을 것 같아. 농부의 작업 구두는 농부가 대지에 흘린 땀방울과 피로의 무게를 모두 기억하고 있을 거야. 하루의 양식을 보장해 주는 고된 노동처럼 가치 있는 건 없을 테니까.

농부는 아침 해가 뜨기도 전에 어제처럼 오늘도 이 구두를 신고 끈을 조여 묶었을 거야. 농부가 하는 일은 그의 구두처럼 단순하고 우직하지.

생활의 흔적이 고스란히 담겨 있는 신발의 모습

농부는 구두와 함께 절기를 헤아려 씨앗을 뿌리고 또 결실을 거두었겠지. 서쪽에서 부는 바람과 동쪽에서 몰려오는 비구름이 구두의 걸음걸이를 설레게 했을 거야. 생명의 기운이 가득한 대지와 경건한 인사를 나누고 자연 속에서 이어지는 삶과 죽음을 차례로 목격했겠지. 계절은 결코 순서를 거르는 법이 없으니까. 그러는 사이에 구두는 본래의 모습을 잃어버리게 되었을 거야. 비록 해지고 초라해졌지만, 고흐의 눈에는 세상에서 가장 고맙고 아름다운 구두로 보였을 거야.

고흐의 정물화를 보니까 독특한 소재의 그림이 하나 더 떠올랐어. 옛날, 그러니까 지금으로부터 2000년도 더 전의 일이야. 소아시아 페르가몬에 소소스라는 작가가 있었대. 소소스가 제작한 이 작품의 제목은 〈청소 안 한 방〉이야.

청소를 빼먹다니 하인이 할 일을 안 하고 게으름을 피웠나 봐. 모자이크가 깔려 있던 장소는 가족끼리 식사를 하거나 손님을 불러서 연회를 벌이는 곳이었어. 그런데 방바닥에는 온갖 음식 쓰레기들이 흩어져 있네. 악취가 심해서 숨이 막힐 것 같아. 생선 뼈, 먹다 남은 과일과 채소 찌꺼기까지 함부로 버려서 발을 조심해야겠군. 저런, 생쥐가 호두를 갉아 먹고 있네. 이런 어이없는 광경을 본다면 식사에 초대받은 손님들이 밥도 먹기 전에 입맛 버렸다면서 화를 내겠지. 혀를 차고 침을 뱉으며 집으로 되돌아갈 것 같아.

그런데 어느 순간 〈청소 안 한 방〉이 실제로 청소를 안 한 게 아니라 어엿한 하나의 예술 작품이라는 사실을 손님들도 깨닫게 되었지. 소소스가 제작한 이 작품은 비록 소재는 추했지만, 예술 애호가들 사이에서 큰 인

지금 누군가는 자기 방이랑 똑같다고 생각하고 있겠지?

기를 끌었다고 해. 뜻밖의 반전이 손님들을 즐겁게 했다는 거지. 손님들은 식사를 하다가 살구씨나 뜯다 만 닭 다리 따위를 바닥에 뱉으면서 "이것 보게, 내가 버린 닭 다리가 예술일세."라며 식은 농담을 주고받지 않았을까? 소소스의 작품은 기상천외한 아이디어도 그렇지만, 소재의 추함 때문에 더욱 유명해졌다고 해. 누구도 생각지 못한 음식 쓰레기를 그것도 연회실 바닥 모자이크로 제작했으니까.

고흐도 혹시 소소스의 모자이크를 보았을까? 로마 여행을 간 적이 없으니 실물 작품은 보지 못했을 거야. 하지만 만약 보았더라면 고개를 끄덕이며 무릎을 쳤을 것 같아. "바로 이거야!"라고 외치면서 말이야.

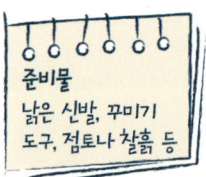

혹시 자신이 매일 신는 신발을 고흐처럼 진지하게 들여다본 경험이 있니? 고흐의 신발을 보면서 집에 있는 신발과 비교해 보면 재미있을 거야. 아빠 신발과 엄마 신발, 이모 신발이 어떻게 다른지 살펴봐. 같은 물건이라도 주인에 따라 느낌이 달라지거든.

관찰을 했으면 한번 그려 봐야지. 연필과 지우개만으로도 충분해. 하지만 더 획기적인 방법으로 세상에 하나뿐인 신발을 만들어 볼 수도 있어. 작아지거나 안 신는 신발이 있다면, 거기에 자신만의 감각을 담아서 리폼을 하는 거야. 색칠만 할 게 아니라 집에 굴러다니는 단추를 달아도 좋고, 다 먹고 난 조개껍데기로 장식해도 멋질 거야. 더 기발한 아이디어가 떠올랐다고? 그럼 뭘 망설여? 어서 신발부터 찾지 않고.

물론 가지고 있는 신발에 죄다 그림을 그릴 수는 없으니까 한 번에 성공할 자신이 없으면 종이 위에 스케치를 구상해 보는 것도 도움이 될 거야.

하지만 괜히 멀쩡한 신발을 가지고 만들기 놀이를 하다가는 엄마한테 혼이 날 수도 있지. 그 상황이 싫다면 무리하게 신발을 리폼하기보다는 점토나 찰흙을 이용해 만드는 것도 좋은 방법이야. 만들기도 쉽고 뒤처리도 비교적 간단하니 말이야. 만들고 난 뒤에 찰흙 신발을 신고 나가 보겠다는 엉뚱한 생각은 접어 둬. 발가락을 넣는 순간 와르르 뭉개져서 평범한 흙덩이로 변하고 말테니까.

앞사람은 조심하시오.
내 신발에 찔릴지도 모르니!

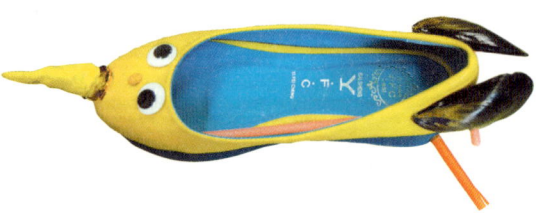

별들의 무도회로 가는 길

■ 수록 작품

반 고흐 〈몽마르트르의 채석장과 풍차〉 1886년, 캔버스에 유화, 61×36cm, 오텔로 크뢸러뮐러 미술관 (81쪽)
반 고흐 〈물랭 드 라 갈레트〉 1886년, 캔버스에 유화, 46×38.5cm, 오텔로 크뢸러뮐러 미술관 (82쪽)
반 고흐 〈아를의 붉은 포도밭〉 1888년, 91×73cm, 모스크바 푸시킨 미술관 (85쪽)
반 고흐 〈카루셀 다리〉 1886년, 개인 소장 (87쪽)
반 고흐 〈파리의 지붕들〉 1886년, 캔버스에 유화, 암스테르담 반 고흐 미술관 (88쪽)
조르주 쇠라 〈에펠탑〉 1889년, 캔버스에 유화, 15×24cm, 샌프란시스코 미술관 (89쪽)
반 고흐 〈압생트와 카페 테이블〉 1887년, 캔버스에 유화, 33.2×46.3cm, 암스테르담 반 고흐 미술관 (90쪽)
반 고흐 〈클리쉬 대로〉 1887년, 캔버스에 유화, 45.7×55cm, 암스테르담 반 고흐 미술관 (91쪽)
반 고흐 〈회색 펠트 모자를 쓴 자화상〉 부분 그림 1887년, 캔버스에 유화, 37.2×44.5cm, 암스테르담 반 고흐 미술관 (93쪽)
반 고흐 〈별이 빛나는 밤〉 1889년, 캔버스에 유화, 92.1×73.7cm, 뉴욕 현대 미술관 (94쪽)
반 고흐 〈아를의 별이 빛나는 밤〉 1888년, 캔버스에 유화, 92×72.5cm, 파리 오르세 미술관 (97쪽)
반 고흐 〈싸이프러스가 있는 길〉 1890년, 캔버스에 유화, 73×92cm, 오텔로 크뢸러뮐러 미술관 (99쪽)

몽마르트르
채석장 풍경.

파리 생활 파리의 몽마르트르 언덕에는 가난한 화가들이 모여 살았어. 채석장 소음이 시끄럽고 먼지가 많아서 방값이 무척 쌌거든. 대신 언덕 위로는 늘 바람이 불어서 여간 시원하지가 않았지. 100년 전에는 풍차들이 거인들의 행렬처럼 언덕 위에 둘러서 있었대.

하지만 고흐가 파리에 도착했을 때는 풍차가 세 개밖에 남아 있지 않았어. 고향 네덜란드에는 해안과 운하를 따라 서 있는 풍차가 발에 차이는 돌멩이만큼 흔하지만, 프랑스에서는 나름대로 귀한 대접을 받는 모양이야. 그래서 그런지 가난한 화가들 사이에서는 풍차 그림이 잘 팔린다는 소문이 돌았어.

고흐는 그 말을 듣고 솔깃했어. 고흐가 시골 생활을 청산하고 대도시 파리에 온 것은 가난에 쪼들렸기 때문이거든. 동생 테오로부터 도움을 받기는 했지만, 평생 동안 후원자 노릇을 해 달라고 할 수는 없는 일이지.

물랭 드 라 갈레트는
파리 몽마르트르에 있는
무도회장이었어.

　돈이 늦가을 낙엽처럼 우수수 쏟아지는 상상을 하니까 고흐는 붓도 들기 전에 벌써 부자가 된 심정이었어. 파리 시민들이 너도나도 고흐의 풍차 그림을 사려고 저 멀리 센 강까지 줄을 서는 광경을 떠올리자 입가에는 절로 미소가 흘렀지. 돈을 많이 벌면 무엇보다 지금까지 신세 진 동생에게 크게 한턱낼 참이었어. 풍차야 돌아라, 운명의 수레바퀴야 돌아라, 하면서 붓을 신 나게 놀렸지.
　그런데 운명의 여신은 고흐에게 미소를 짓지 않았어. 운명의 여신은 고흐에게 늘 냉담했지. 벨기에 안트베르펜에 있을 때도 초상화를 그려서 돈을 벌 궁리를 했지만, 주문이 한 건도 없어서 굶기 일쑤였지. 파리도 결코 만만한 도시가 아니었어. 무엇보다 파리 시민들은 예술을 보는 안목이 높았거든. 나름대로 자신감이 하늘을 찔렀지만 고흐의 그림에는 아직 어설픈 구석이 많았던 거야.

고흐는 자신의 문제가 무엇인지 곰곰이 생각해 보았어. 동생 테오의 충고가 생각났어. 테오는 고흐의 그림이 너무 촌스럽고 칙칙해서 안 팔린다며, 요즘 유행하는 인상주의 화풍으로 그림을 그려 보라고 했지. 고흐는 고개를 저었어. 고흐에게는 오매불망 바르비종파의 거장 밀레밖에 없었거든. 다른 화가들은 모두 엉터리 싸구려에다 현실과 타협하는 비겁한 인간들이고, 오직 밀레야말로 프랑스의 자연과 예술을 진정으로 사랑하고 삶의 진실을 깊게 담아내는 예술가라고 생각했지.

고흐는 밀레의 후원자인 상시에가 쓴 글을 읽고 밀레가 가난한 삶을 원했던 동기에 대해서 알게 되었어. 밀레가 값비싼 구두를 벗고 나막신을 신기로 결심했다는 구절이 가슴에 박혔지. 나막신의 삶! 얼마나 감동적인 말인가! 더군다나 밀레가 자신의 그림이 팔리거나 말거나 전혀 신경 쓰지 않았다니, 고흐는 단박에 밀레가 좋아졌던 거야. 그런데 밀레의 전원 화풍을 이어받은 내 그림이 촌스럽고 칙칙해?

하지만 파리의 현실은 냉혹했고, 테오의 지적은 정확했어. 고흐는 굳게 마음먹었어. 앞으로는 무조건 돈을 벌겠다고. 그리고 사람들이 좋아하는 그림만 그리겠다고. 그건 고흐가 가장 경멸했던, 현실과 타협하는 예술가의 모습이었어. 하지만 막다른 길에 내몰린 고흐에게 다른 선택은 없었지. 시골을 떠나 도시로 터전을 옮긴 순간, 전원 화가의 꿈은 신기루가 된 거야.

고흐는 부지런히 발품을 팔면서 몽마르트르 언덕의 풍차, 언덕 위 하늘과 채석장, 언덕에서 내려다보이는 도시의 무덤덤한 지붕들을 그렸어. 거리의 카페와 대로의 풍경 따위도 그렸지. 이제는 그림을 살 사람만 나타나면 만사형통이었어. 단 한 점만이라도 팔렸으면 하는 간절한 심정이었지만, 안타깝게도 고흐의 그림은 아무도 거들떠보지 않았어. 현실과 타협한 것조차 고흐에게는 맞지 않는 외투였던 거야.

우리는 고흐를 비극적인 천재, 시대와 어울리지 못한 예술가, 사회로부터 버림받은 외톨이 화가라고 부르곤 해. 천재 화가를 일컫는 수많은 찬사에도 불구하고, 당시에는 그의 천재성을 알아보는 사람이 없었다는 건 아무래도 아이러니가 아닐 수 없어. 고흐가 평생 그린 수백 점의 그림 중에 살아 있는 동안 팔린 것은 정말 딱 한 점 〈아를의 붉은 포도밭〉이라는 작품이었대. 그것도 죽기 넉 달 전에 단돈 400프랑의 가격에 말이야.

파리에서 얻은 가장 큰 수확은 친구들이었어. 모두 그림을 공부하는 친구들이었어. 다들 가난했지만 밤새도록 카페에 둘러앉아서 미술의 미래에 대해 열띤 토론을 벌이곤 했지. 그러다가 아침이 밝을 무렵이면 왠지 고흐의 머리에도 서광이 비치는 느낌이었어.

고흐의 나이는 벌써 서른셋. 결혼도 못 하고 화가로서도 무명 신세를 면치 못했던 고흐에게는 삶의 돌파구가 절실했어. 열여섯 살에 미술 중개상으로 취업했다가 그만두고, 신학을 공부하기 위해 길을 바꿨지만 성직자의 과정도 중도에 수포로 돌아가고 말았지. 거듭된 실패에 절망하다가 마지막으로 스물일곱 살이 되어서 늦깎이로 그림을 배우기 시작했었지. 그리고 이제 6년이 지났어. 남들보다 족히 15년은 늦은 시작이었지. 그런

유일하게 고흐가 살아 있는 동안 팔린 작품이야.

데도 여전히 손은 무디고 자연 관찰도 서투르니, 자신을 호되게 채찍질할 계기가 필요했던 거지.

　시골에서는 마을을 통틀어서 화가를 한 명도 구경하기 어려웠던 고흐에게 파리의 화가 친구들이란 정말 고마운 존재들이었어. 코르몽 화실에 다니면서 그곳에서 작업하던 툴루즈 로트레크(Henri de Toulouse Lautrec 1864~1901), 에밀 베르나르(Émile Bernard 1868~1941)와 사귀게 되었지. 고흐는 눈에서 해묵은 깍지가 떨어져 나가는 것 같았어. 코르몽 화실에서는 석 달 동안 그림 공부에 전념했어. 고흐의 친구들은 클로젤 거리의 탕기 영감네 물감 가게의 단골이기도 했어. 고흐는 인상주의의 강물에 풍덩 빠져서 헤엄을 치는 기분이었지. 고흐의 그림은 소재부터 형식 그리고 붓질 방식까지 바뀌기 시작했어.

변화　센 강변에는 하얀색 유람선이 정박해 있었어. 유람선 뒤로 튈르리 공원과 루브르 박물관이 보이고, 하늘에는 낮은 구름이 따가운 햇살을 가려 주고 있어.

　루브르 박물관은 원래 루이 왕조의 궁성이다가 나폴레옹이 시민들에게 돌려준 역사적인 건물이야. 꼽추 콰지모도와 에스메랄다의 이야기로 유명한 파리의 노트르담 대성당과 마주 보고 있어서 센 강변의 산책을 즐겁게 해 주었지.

　강변길은 고흐가 사랑했던 산책로야. 권태로운 도시민의 걸음걸이를 흉내 내며 천천히 걸음을 떼노라면 찰랑거리는 강물 소리가 귓전을 간질

센 강에 있는
카루셀 다리

였지. 구두로 포장도로를 탁탁 치면서 걷는 고흐는 어느새 시골티를 말끔히 벗은 모습이었어.

〈감자 먹는 사람들〉과 〈카루셀 다리〉를 비교하면 빛에 대한 새로운 각성이 화면에서 엿보여. 어둡고 답답한 공간이 사라지고 바람이 살랑대는 트인 풍경이 나타난 거야.

1880년대의 파리는 인구 200만 명을 자랑하는 세계적인 메트로폴리스였어. 파리의 친구들도 제각기 개성이 넘쳤어. 쾌활하고 유머 넘치는 툴루즈 로트레크는 거침없는 구성과 빠른 데생 솜씨로 다른 사람들이 꺼려하는 은밀한 밤의 세계도 그려 대는 화가였어. 역동적인 선묘*와 분방하고

*선묘
선으로만 그린 그림.

고흐가 그린
파리의 풍경

    대담하기 이를 데 없는 색채 사용은 고흐에게 큰 충격이었어. 에밀 베르나르도 그림자 없는 색면 구성에다 그 경계 사이에 넣은 짙고 강렬한 경계선 덕분에 중세 시대 대성당의 색유리창을 연상하게 하는 작품을 선보였지.

    고흐는 인상주의 화가들의 감수성과 혁신을 빠른 속도로 흡수하기 시작했어. 대도시의 널찍한 도로를 요란스레 질주하는 마차처럼 고흐의 붓도 속도가 빨라졌어. 모네의 전시를 보고 나서는 단박에 고흐의 팔레트 위 색채도 밝아졌지. 어둡고 무거운 물감이 사라진 것도 새로운 변화였어. 지루한 장마 끝에 먹장구름 사이로 고개를 내민 반가운 햇살처럼 청명한 행복감이 고흐의 캔버스를 채웠어.

빛과 색 파리에서 지낸 지 1년이 훌쩍 지난 뒤부터 고흐의 화풍은 서서히 점묘 화법의 거장 조르주 쇠라(Georges Pierre Seurat 1859~1891)를 닮아 가기 시작했어. 조르주 쇠라는 아주 작은 색점을 찍어 표현하는 색채 분할 실험을 주도한 화가야.

물감은 섞을수록 탁해지고 어두워지게 마련이야. 밝고 흐린 정도를 명도, 맑고 탁한 정도를 채도라고 해. 예를 들어 물 잔과 우유 잔을 비교하자면, 물을 담은 유리잔은 투명하니까 채도가 아주 높은 대신, 우유를 담은 유리잔은 명도는 높지만 채도가 아주 낮다고 할 수 있지. 명도와 채도를 떨어뜨리지 않으려면 물감을 섞지 않는 게 가장 좋은 방법이야. 그렇다고 삼원색만 가지고 그림을 그릴 수는 없는 노릇이지.

쇠라의 점묘 화법

쇠라는 물감을 섞어서 원하는 색을 만드는 대신에 엉뚱한 꾀를 냈어. 색의 명도와 채도를 유지하면서 다양한 색감을 얻을 수 있는 기발한 방법이었어. 그건 물감을 아주 가느다란 붓 끝에 찍어서 무수히 작은 색점을 찍는 방법이었어.

수백, 수천 개의 색점들을 캔버스에 찍은 다음에 얼마간 거리를 두고 떨어져서 보면 하나하나의 색점 알갱이 대신에 형태가 나타나게 되지. 다시 말해 사물의 윤곽선이나 형태의 경계선이 없이 오직 색점으로만 이루

고흐는 카페에서 압생트를 즐겨 마셨어.

어진 화면이 탄생하는 거야. 물감을 팔레트에서 섞지 않았으니 탁해지거나 어두워지지 않아서 조르주 쇠라의 그림은 아주 밝게 보였어. 마치 그림이 저 혼자 빛을 뿜어내는 것처럼 말이야. 더군다나 다닥다닥 붙어 있는 색점들은 서로 다른 색들이 어울려서 미묘한 시각 효과를 냈어. 조르주 쇠라는 점묘 화법이라고 이름 붙여진 이 기법을 완성하기 위해 과학적인 실험을 수없이 거쳤다고 해.

옆에 있는 그림은 고흐가 각별히 아끼던 술 압생트야. 압생트는 가난한 예술가들이 즐기는 싸구려 독주였어. 그건 술이라기보다 한 모금의 위로에 가까웠어. 워낙 독해서 찬물에 희석해서 마셔야 했지. 하지만 예술가들은 압생트에 울분과 절망을 휘휘 섞어서 들이켜곤 했어.

고흐가 그린 〈압생트와 카페 테이블〉에는 술을 마시는 주인공이 안 보여. 그건 당연한 일이야. 압생트야말로 이 그림의 유일한 주인공이니까. 여기서 우리는 그림의 내용보다 기법을 살펴보려고 해.

그림의 무대는 아마도 몽마르트르 인근의 작은 카페겠지. 해가 아직 기울지 않았지만, 그건 중요하지 않아. 파리는 유럽에서도 위도가 꽤 높은 도시라서 여름철에는 밤 10시까지도 대낮처럼 훤하거든.

파리 클리쉬 대로의 모습

창문 밖 거리 풍경이 내다보이는 창가 자리에 식탁이 위치해 있고, 물병과 술잔이 식탁 위에서 자신의 존재를 드러내고 있어. 무엇보다 물병과 술잔을 재현하는 기법이 파리 시절의 고흐를 사로잡았던 관심사가 무엇인지 말해 주고 있어. 압생트를 그리기 위해 고흐는 끝이 가늘고 탄력 있는 붓을 골랐을 거야. 그리고 짧은 점과 선을 이용해서 명도와 채도를 살리면서 물감을 조심스럽게 발라 나갔지. 모든 걸 미리 정확하게 계산하고 빈틈없이 여백을 채워 나가는 덧셈식 칠하기 기법이라고 할 수 있어. 말하자면 조르주 쇠라가 사용했던 점묘 화법을 충실하게 지켜서 그린 그림이지.

〈클리쉬 대로〉도 고흐가 후기인상주의 기법으로 그린 풍경화야. 그림이 밝아졌을 뿐 아니라, 형태와 색채에 대해 분석하여 점묘 화법처럼 표현하려는 노력이 돋보이는 작품이지.

 길가에는 지붕에 광고탑을 올린 가게가 서 있고, 바쁜 걸음으로 그 앞을 지나는 중년 부인의 모습이 그림자처럼 남아 있어. 평소에는 마차로 붐비는 대로, 가로등, 등장인물들이 그림 속에서는 뚜렷한 형태 대신 강물 위에 비친 물그림자처럼 단순한 색들이 넘실거리며 어우러져 있어. 가까이에서 보면 도저히 어울릴 수 없는 색끼리 겹치거나 나란히 배열되어 있어서 추상적인 느낌마저 줘. 하지만 조금 거리를 두고 보면 클리쉬 대로의 풍경을 알아볼 수 있지. 색이 고유색의 편견에서 벗어나서 자유롭게 제 목소리를 내게 되었다는 점에서 고흐의 시도는 앞으로 다가올 표현주의 미술을 예고하고 있어.

 파리에서 머물렀던 2년 남짓이 고흐에게는 색과 빛의 사용법을 일깨워 준 소중한 시간이었어. 고흐는 내친 발걸음을 멈출 수 없었어. 남들이 이루어 놓은 업적을 배우고 흡수하는 건 즐겁고 행복한 경험이었지만, 이제는 고흐 자신에 대해서 물어볼 시간이 된 거야. 남들을 실컷 베꼈으니 자신을 찾고 자신이 가장 잘 표현할 수 있는 방법을 궁리하고 터득할 시점이 된 거지.

고흐의 털실 상자

털실 상자 고흐의 소장품 가운데 흥미로운 물건이 하나 남아 있어. 작은 나무 상자에 들어 있는 털실 뭉치들이야. 고흐

는 노랑과 초록, 분홍과 파랑 등
서로 보색 관계에 있는 털실로
털실 뭉치를 만들었어. 왜 그랬
을까?

고흐는 고유색을 나란히 두
었을 때 색끼리 어떤 영향을 주
고받는지 알고 싶었어. 고흐는
털실 뭉치가 들어 있는 상자를

털실을
조각조각
이어 붙인
것 같아.

가까이 두고 자주 들여다보곤 했대. 보색 이론을 책으로 공부하는 대신 눈으로 직접 익힌 이유는, 그 효과를 실제로 체감하고 훈련해서 완전히 제 것으로 만든 다음에 그림에 응용하고 싶었기 때문이야. 이런 식의 시각 훈련은 조르주 쇠라로부터 배운 점묘 화법을 구사하는 데 안성맞춤이었어. 고흐는 털실 기법을 다양하게 실험하고 여러 작품에 적용해 보았어. 가령 파리에서 그린 〈자화상〉을 볼까? 어때, 꼭 털실로 짠 초상화처럼 보이지?

다른 색깔의 털실을 섞어서 털실 뭉치를 만들게 된 건 예전에 직조공들을 소재로 그림을 그릴 때 그들의 작업 방식에서 영감을 얻은 거야. 고흐는 앞서 1885년 4월 말에 테오에게 쓴 편지에서 이렇게 썼어.

"직조공들이 스코틀랜드 특산품인 격자무늬 천을 짤 때 아주 강렬한 색깔의 실들이 서로 엉키지. 하지만 떨어져서 보면 조화롭게 보여. 빨강, 파랑, 노랑, 엷은 검정 실을 섞어서 짠 직물은 원래 실이 가진 제각각의 색깔보다 더욱 풍부한 느낌이 살아나지. 직조공이 실의 가닥과 방향을 판단

우리가 자는 동안
별들은 춤을 추지.

해서 모양과 색을 조합하는 건 결코 쉬운 일이 아니야. 화가가 붓으로 색을 섞어서 그림을 조화롭게 그려 내는 것도 그것과 똑같아."

하지만 한참 뒤에 그린 〈별이 빛나는 밤〉은 전혀 다른 기법으로 그려졌어. 여기에서는 조르주 쇠라의 흔적이 완전히 사라졌어. 오랜 시간을 투자해서 세심하게 그리는 점묘 화법이 고흐의 열정적인 성격과는 잘 안 맞았나 봐. 이번에는 붓이 훨씬 굵어졌고, 물감도 붓의 흔적이 뚜렷하게 패일 만큼 두꺼워. 놀라운 것은 몇 해 전 낡은 구두를 그릴 때처럼, 여기에서도 진실의 힘에 호소하고 있다는 사실이야. 이 그림에는 광학 이론도, 색도 계산도 설 자리가 없어. 고흐의 별은 다만 자신의 몸짓으로 춤추고 노래할 뿐이야.

우리는 어떻게 별을 볼 수 있을까? 그건 별이 빛나기 때문이야. 별빛은 우리 눈을 향해서 달려오지. 별빛은 수억 광년 머나먼 밤하늘의 거리를 가로질러서 우리의 눈동자에 닿는 거야. 별빛은 단 한 차례 우리의 눈동자에 깃들기 위해 끝이 닿지 않는 광대한 어둠을 가로지르며 영겁의 시간 동안 혼자 달려왔을 거야. 별은 우리가 이 순간 바로 이 자리에서 밤하늘을 바라볼 거라는 사실을 수억 년 전에 이미 다 알고 있었던 거야.

별빛은 이윽고 우리 영혼의 가장 깊은 방에 찾아와 단단히 채워 둔 빗장을 열고 말을 건네지. 바로 그 순간 우리 눈에는 별빛이 담기고, 우리 눈은 밤하늘을 무대 삼아 별들의 무도회를 연 고흐를 이해할 수 있게 되지. 고흐의 삶과 꿈, 그리고 그가 우리에게 말하려고 했던 진실을 말이야.

별빛의 여정은 누군가와 누군가를 이어 주는 아주 가늘고 질기고 기다란 끈과 같은 거라고 생각해. 그건 결코 끊어지지 않는 끈이야. 시간과 공간을 넘어서 우리와 비극적인 삶을 살았던 불행한 예술가의 마음을 서로 이어 주는 그런 끈. 마침내 고흐는 자신을 가장 잘 표현할 수 있는 기법을 찾아낸 거야. 고흐 아저씨, 브라보!

열정의 소용돌이 고흐는 서른다섯 살에 프랑스 남부에 있는 아를에 정착했어. 다시 삶의 한복판에서 혼자가 되었지. 혼자라는 것은 체면을 차릴 필요가 없다는 뜻이기도 했어. 다른 사람 눈치 보지 않고 비평에도 신경을 안 쓰니, 몸과 마음이 편해졌어.

타인의 시선과 관습에 얽매이지 않는 자유는 고흐에게 무척 잘 어울리는 옷이었어. 그렇다고 해서 맘껏 게으름을 피워도 좋다는 뜻은 아니었지. 그를 기다리는 건 좁고 험난한 예술의 길이었어. 아무도 가르쳐 주지 않는, 누구도 가르쳐 줄 수 없는 길을 혼자 찾아가는 건 모든 예술가들이 겪어야 할 고통스러운 성장통과 같았지. 고흐는 마음이 바빴어.

아를에 오기 전, 동생 테오에게 쓴 편지에서 고흐는 자신이 이미 늙은이가 되어 버렸다며 탄식하기도 했어. 서른네 살의 청년이 썼다고는 믿어지지 않는 내용이야.

"함부로 살아왔던 탓일까, 나는 늙어 버렸어. 얼굴은 주름투성이에 턱수염이 흩날리고 틀니까지 꼈으니 할아버지가 다 되었지 뭐야…… 난 내 젊음을 죄다 탕진해 버렸지만, 그림에서만은 청춘이고 싶어……."

그보다 앞서 서른 살 때는 이런 편지도 썼어.

"테오야, 앞으로 내가 얼마나 더 그림을 그릴 수 있을까 생각해 봤단다. 몸 상태가 안 좋아서 골골하긴 해도 6년 아니 잘하면 10년쯤 더 버티지 않을까 싶어. 설마 당장 죽기야 하겠니…… 난 30년이나 살아왔으니 이 세상에 빚을 진 셈이야. 그걸 갚고 싶어. 그림을 그려서 나에 대한 기억을 남길 작정이야."

잘 알려진 대로 고흐는 서른일곱 살에 생을 마감했지. 자신의 죽음을 거의 정확하게 예언한 셈이야. 남은 시간이 그리 넉넉지 않다는 사실을 고흐는 잘 알고 있었어. 그랬기에 더욱 조급했어.

고흐는 늦은 나이에 그림을 시작하긴 했어도 동시대의 어떤 작가보다 많은 작품을 남겼어. 하루에 너덧 점을 그릴 때도 있었다니까, 광기에 사

론 강 위로 초롱초롱한 별이 떠 있어.

로잡힌 미치광이처럼 붓을 놀렸던 거야. 고흐는 자신을 '폭주 기관차'라고 불렀어. 제동 장치 없이, 샛길로 빠지는 법도 없이 폭설과 폭염에도 아랑곳하지 않고 오직 주어진 운명의 궤도를 일직선으로 질주하는 무쇠 기관차가 바로 자신의 모습이라는 뜻이야.

노력은 열정의 불을 지피고, 달아오른 열정은 잠들어 있던 괴물을 깨웠어. 그 괴물은 몸을 웅크렸다가 뒤틀고, 잦아들었다가 용솟음치며 땅과 하늘을 휘젓기 시작했지. 괴물이 울부짖으면 세상이 침묵했고, 괴물이 지쳐서 잠들면 세상은 안도하며 함께 눈을 감았어. 괴물이 지나간 흔적은 붓 자국으로 남았지. 고흐의 붓은 하나의 색채에 하나의 우주를 일깨우며 앞으로 나아가기 시작했어. 그림이 숨 쉬고 노래할 수 있다는 사실을 고흐는 비로소 깨달았지. 고흐의 눈빛이 반짝이자, 그림 속의 별빛도 반짝였어.

캔버스에는 수평과 수직의 경직된 원칙이 자취를 감추었고, 그 자리에는 물고기가 유연하게 헤엄쳐 간 흔적처럼 굵고 깊은 소용돌이의 형태가 나타났어. 색과 선은 시샘하고 화해하고, 돌아섰다가 다시 그리워하고, 사랑을 나누다가 다시 토라지면서 그들의 이야기를 만들어 냈지. 그동안 형태를 구속하는 윤곽선은 어느새 사라지고, 빛과 움직임이 형태를 대신하게 된 거야.

붓은 살아 있는 생명체처럼 꿈틀대며 화면 위에 시간의 흔적을 새겼지. 이윽고 자신이 창조한 밤하늘을 바라보는 고흐의 눈이 경이롭게 빛났어. 그건 피조물을 바라보는 창조자의 눈빛이었어. 고흐는 설레는 마음으로 그림에 인사를 건넸어. 엿새 동안 해와 달, 대지와 바다, 식물과 동물 그리

고흐의 열정처럼 살아 꿈틀거리는 싸이프러스 나무

고 세상 만물을 다 만들어 낸 창조주가 스스로 만든 그 모양을 보고 "참 아름답구나!" 하고 소리쳤을 때의 심정이 바로 그랬을 거야.

준비물
여러 가지 털실,
우드락, 색연필이나
펜, 접착제, 이쑤시개
또는 면봉

고흐의 화구 상자 속에는 뚜껑도 제대로 닫히지 않은 물감들이 제멋대로 쌓여 있을 것 같은데, 털실이 가득한 상자가 고흐의 방에 있었다니 호기심을 자극하는군.

고흐는 털실에서 어떤 매력을 찾았던 걸까? 따뜻하고 보송보송한 느낌을 주는 재료에서 고흐는 자신이 좋아하는 따뜻한 색을 느낀 건 아닐까?

고흐의 밤하늘을 한참 들여다보면 흔들거리며 출렁이는 곡선을 느낄 수 있지. 밤하늘은 파도를 연상케 하고, 밀밭의 풀숲은 거침없는 바람을 느끼게 하거든. 그림 속에서 곡선은 움직임을 표현하는 데 아주 중요한 역할을 해. 아마 고흐는 노란색만큼이나 곡선을 사랑하는 화가가 아니었을까?

내 주변에 곡선을 나타내는 사물들은 무엇이 있을까? 달콤한 케이크를 포장하는 데 쓰는 리본, 알맞게

익혀 낸 국수의 면발, 엉켜 있는 실타래처럼 내 주변에서 곡선을 찾아보는 것도 재미있을 거야.

가볍고 도톰한 우드락은 입체적인 작품을 만드는 데 도움을 주는 재료지. 적당한 크기로 잘라서 색연필이나 펜으로 살짝 밑그림을 그려 주면 재료를 붙일 때 도움이 될 거야. 그런 다음 우드락 접착제나 목공용 접착제를 바르고 2~3분이 지나면 털실을 조금씩 붙이면 돼.

그런데 털실의 특성상 붙일 때 말아 올라가거나 보풀이 일어나는 경우가 종종 있어. 그럴 때에는 이런 방법을 써 봐. 이쑤시개나 면봉 등 얇은 도구를 이용해서 털실을 꼭꼭 눌러 주면서 다른 한 손으로 털실을 잡아 주면 깨끗하게 붙일 수 있지.

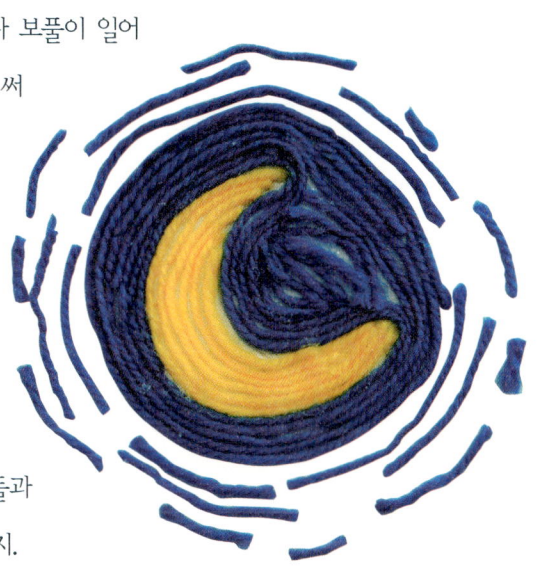

털실은 길게 이어지는 느낌을 살려서 붙일 수도 있지만, 짧게 잘라서 다양한 색을 섞어 붙여도 새로운 작품을 만들 수 있어. 털실로 빼곡히 채우기 힘들다면 유성 매직으로 그려 낸 선들과 적당히 조화를 이루게 해도 멋진 작품이 될 수 있지.

그림자 없는 그림

■ 수록 작품
반 고흐 〈고흐의 방〉 1889년, 캔버스에 유화, 92.3×73.6cm, 시카고 미술관 (105쪽)
앙리 마티스 〈춤2〉 1909~1910년, 캔버스에 유화, 391×260cm, 상트페테르부르크 에르미타슈 미술관 (107쪽)
앙리 마티스 〈모자를 쓴 여인〉 1905년, 캔버스에 유화, 59.7×80.6cm, 샌프란시스코 현대 미술관 (109쪽)
반 고흐 〈아를 포룸 광장의 카페 테라스〉 1888년, 캔버스에 유화, 65.5×81cm, 오텔로 크륄러뮐러 미술관 (111쪽)

이 방을 보니까
맨 앞에서 본
고흐의 의자가 생각나.

고흐의 방 아를에서 머물던 고흐의 방에 들어가 볼까? 빨간 이불이 덮인 노란 침대가 오른쪽 벽에 붙어 있군. 초록빛이 섞인 마룻바닥이 깔려 있고, 창틀은 짙은 녹색으로 칠했어. 간단한 세면도구와 의자 그리고 침대 옆 벽면에 걸린 그림 몇 점이 전부야. 무척 단출한 살림살이로군.

그런데 고흐의 방에는 이상한 게 하나 있어. 그림자가 전혀 안 보여. 빛이 있는 곳엔 반드시 그림자가 붙게 마련이지. 하지만 고흐는 그림자를 일부러 생략했어. 더군다나 사물의 농담과 음영도 거의 표현하지 않았어. 왜 그랬을까? 침대 그림자, 의자 그림자, 창문 그림자를 그려 넣으면 그림이 훨씬 자연스러웠겠지. 그림자를 통해서 사물의 실물감, 형태와 방향성을 확인할 수 있으니, 그림 속 공간의 느낌도 확실히 살아날 거야. 그런 이유 때문에 지금까지 화가들은 그림자를 포기할 수 없었던 거야.

하지만 만약 그림자를 없앤다면 어떤 변화가 일어날까? 그림자를 없앤다는 건 색채와 윤곽선만 가지고 그림 구성을 짠다는 뜻이야. 아마 사물은 평면처럼 납작하게 변해서 실제처럼 보이지 않게 될 거야.

하나씩 살펴볼까? 그림에서 색채는 감각에 호소하지. 한편, 윤곽선은 형태를 정해. 색채는 감성에, 윤곽선은 이성에 말을 걸기 때문이야. 가령 구름이나 기차를 그릴 때 꼭 색을 안 칠해도 윤곽선만 있으면 무얼 그렸는지 알아볼 수 있어. 윤곽선은 사물의 내부와 외부를 경계 짓는 방식을 통해서 가장 효율적으로 형태를 정의하기 때문이지.

색채에는 고유색이 있고 표현색이 있어. 예를 들어 노란 바나나의 고유색은 노란색이야. 빨간 딸기의 고유색은 빨간색이 되겠지.

그런데 꼭 그래야만 하는 걸까? 만약에 코끼리를 분홍색으로 그리거나 고래를 초록색으로 그린다면 그건 고유색이 아니라 표현색이 되겠지. 사물의 고유한 색을 칠한 게 아니라 내가 사물을 충분히 관찰하고 그 본질을 꿰뚫어 본 다음에, 나의 감정을 가장 잘 표현할 수 있는 색을 구사했기 때문이야. 여기서 코끼리나 고래는 나타내고자 하는 대상이면서 동시에 수단이야. 사물은 화가에게 고유색을 주장할 수 없어. 화가는 어디까지나 자유로운 존재라는 사실을 기억해!

사과는 빨간색, 바나나는 노란색, 나뭇잎은 초록색으로만 그린다면 심심하고 지루하겠지? 물론, 같은 색을 나타내더라

앙리 마티스는 세 가지 색으로 강렬한 춤을 표현했어.

먹어 보고 싶은
과일이 있니?

도 화가의 감성에 따라서 많은 차이를 보이기도 한다지만 빨간 사과를 그저 조금 더 빨갛게 하거나 조금 더 흐리게 하는 정도로 차이를 주는 건 재미없잖아. 오늘은 내가 이 세상 물건들의 색을 정해 주는 색깔 마법사가 되어 보는 거야. 적어도 내 그림 속에서는 바나나가 보라색이 될 수도 있고, 밤하늘은 온통 빨간색으로 변할 수도 있지. 벌써부터 기대가 되는걸? 딸기에 박힌 무지개 씨앗이 세상에서 가장 맛있는 맛을 낸다는 건 아무도 모를 테니까.

색을 선택할 자유 프랑스 표현주의의 아버지라고 불리는 앙리 마티스(Henri Èmile Benoît Matisse 1869~1954)는 왜 바다는 늘 파랗고 나무는 늘 초록이어야 하는지 의문을 갖고 있었어. 마티스는 사물이 고집하고 강요하는 고유색의 굴레에서 벗어날 때 회화는 비로소 진정한 자유를 누릴 수 있다고 생각했어. 색채를 선택하는 건 전적으로 화가의 몫이라는 거지. 자연이 화가더러 이래라저래라 잔소리할 필요가 없다는 거야. 물론 자연이 요구한대도 화가가 고분고분 들을 리 만무하지만…….

마티스는 1896년과 이듬해에 벨일 섬에 놀러 갔을 때 호주의 화가 존 피터 러셀(John Peter Russell 1869~1930)을 만나서 그로부터 고흐의 작품과 색채 이론을 배웠어. 우리는 고흐가 노란 집의 작은 방을 그릴 때 실험

마티스는 왜 얼굴을 알록달록하게 칠했을까?

했던 것들이 표현주의의 탄생에 기여했다는 사실을 잘 알고 있지. 고흐는 색채의 자유에 대해서 고민했고, 공간의 문제와 싸웠고, 결국 승리를 거두었기 때문이야.

공간을 정확하게 재현하는 건 고대 이후 모든 화가들의 주요 관심사였어. 합리적인 공간은 이성주의가 퍼져 나가던 르네상스 원근법에서도 가장 중요한 전제였지. 하지만 고흐는 원근법에 질색했어. 원근법은 어디까지나 수학과 과학과 이성의 학문인데, 왜 자기 그림이 그런 골치 아픈 문제를 끌어안고 가야 하는지 납득하지 못했지.

르네상스 원근법은 탄생 이후 500년 동안 미술에서 절대적인 권위를 가지고 있었어. 고흐는 원근법적 공간을 표현하는 옛 방식을 단호하게 거부했어. 고유색의 규칙도 미련 없이 내던졌지.

고흐의 그림에서 사물의 형태는 단순히 예고에 지나지 않아. 색채가 당당하게 제 목소리를 내지. 힘차고 역동적인 색채가 공간과 그 공간을 차지하는 형태 위에 군림하고 있어. 그리고 그들끼리 색채의 무도회를 벌이지. 고흐의 방만 봐도 알 수 있어. 빨강과 초록이 밀고 당기는가 하면 노랑이 쏜살같이 달아나고 파랑이 시샘을 하는가 하면, 벽면은 침대의 색채에 마음이 기울고, 창틀은 창문더러 같은 편이 되어 달라고 악수를 청하는군. 색채가 서서히 끓어오르면서 고흐의 방을 고흐 내면의 전쟁터로 만들고 있어. 이 방에서 침대에 편히 누워 잠들기는 틀린 것 같군.

고흐의 그림자 없는 그림은 현대 미술이 평면성의 가치를 회복하는 신호탄이 되었어. '형태'를 우선으로 삼은 조형 예술에서 순서가 밀렸던 '색채'의 잠재성을 발견하고 또 색채의 무한한 표현 가능성을 열어 주었어.

만약에 고흐가 5년만 더 살았더라도 미술의 역사가 전혀 새로운 방향으로 흘러가지 않았을까 싶어. 이런 가정이 무의미하기는 하지만, 고흐는 왜 수명만큼 살지 않고 제 심장에 총을 쏘아야 했던 걸까? 그나마 그것도 빗나가서 이틀 동안 침대 신세를 졌었지. 동생 테오가 찾아오자, 총알이 빗나간 걸 두고, "난 왜 마지막까지도 제대로 하는 일이 없을까?"라고 실없는 농담을 했다지.

마티스가 고흐와 만났다면 이곳에서 이야기했을까?

마티스는 고흐가 한 작업을 정리해서 갈무리하고 질서를 잡아 주었어. 그는 탁월한 그림도 많이 그렸지만 윤곽선과 색채에 대한 많은 논문을 발표하면서 표현주의를 체계적으로 이론화했지.

혹시 고흐가 일찍 죽지 않고 마티스와 직접 만났더라면 어땠을까? 두 사람은 몸이 으스러져라 힘껏 끌어안았을 거야. 반가운 인사를 나눈 뒤, 두 사람은 서로 허리를 끌어안고 카페 테라스로 달려갔을 거야. 노란 가스등이 큰길가로 난 테라스를 물들이고 검푸른 하늘에는 별들이 석류처럼 송이송이 열려 있는 그곳 말이야.

고흐에게 마지막으로 선물을 하나 더 주고 가자. 지난날 안 좋았던 일은 모두 잊고 새로운 마음으로 시작하라고 말이야. 우선, 아를에 있는 노란 집을 깨끗하게 청소하고 새롭게 꾸며 주면 기분 전환이 되겠지. 너희가 인테리어 디자이너가 되어서 어떻게 꾸미면 고흐의 마음에 쏙 들지 고민해 봐. 고흐가 그토록 좋아했다던 노란색을 사용해도 되고, 고흐가 좋아하는 소품을 놓는 것도 좋을 거야.

우선, 새롭게 방을 꾸미려면 예전 고흐의 방을 잘 살펴보아야 해. 어느 부분을 바꾸어 주어야 할지 매의 눈으로 꼼꼼하게 살펴보는 거야. 색감부터 형태까지 전부 점검해야 해.

준비물
적당한 크기의 상자, 색종이, 가위, 풀, 칼라 점토, 사인펜, 물감 등 다양한 재료

그런 다음 상자를 이용해서 고흐의 방을 만들어. 이왕이면 입체적으로 만들어서 인형 놀이할 때 활용하면 좋잖아.

잠깐, 이걸 만들겠다고 멀리 나가 예쁘고 비싼 상자를 사 오거나 근사한 인형의 집을 구해 오는 건 아니지? 구하기 힘든 거창한 재료들만 생각하다가는 표현의 기회도 멀어지기 마련이야. 내 주변에서 쉽게 구할 수 있는 생활용품이나 재활용품이 있는지 둘러보는 게 먼저지. 재활

고흐도 파란 침대가 마음에 들어야 할 텐데……

용품이야말로 만들기 재료의 고민을 날려 줄 수 있는 모든 해답을 갖고 있거든. 작은 종이컵이나 다 쓴 사인펜 뚜껑 하나가 환풍기도 되어 주고 어둠을 밝히는 스탠드도 되어 주니까.

    낭만이 살아 있는 다락방도 만들어 주고, 친구와 함께 차를 마실 수 있는 테라스도 만들어 주자. 고갱도 초대하고 마티스도 초대해서 즐겁게 그림 이야기를 나눌 수 있게 말이야.

집 구석구석을
이 잡듯 뒤져 보면
엄청난 꾸미기 재료들이
쏟아져 나올걸.

부록

1. 고흐의 발자취
2. 미술관에 놀러 가요

고흐의 발자취

1853년 3월 30일 빈센트 반 고흐가 네덜란드 준데르트에서 목사의 맏아들로 태어남.

1857년 남동생 테오가 태어남.

1864년 준데르트 기숙 학교에 입학하지만 적응하지 못함.

1866년 네덜란드 틸뷔르흐에 있는 학교에 다님.

1868년 학업을 중단하고 준데르트로 돌아옴.

1869년 그림 중개인으로 일하던 삼촌의 도움으로 구필 화랑의 헤이그 지점에 취직함.

1872년 동생 테오와 편지를 주고받기 시작함.

1873년 3월부터 구필 화랑의 런던 지점으로 발령을 받고 근무함.

1874년 10월부터 구필 화랑 파리 지점에서 일하다가 12월에 영국 런던으로 돌아옴.

1875년 5월 구필 화랑 파리 지점으로 발령받았으나 이듬해 4월 해고됨.

1876년 런던 인근에서 보조 목사로 일하다가 12월 네덜란드 에텐으로 돌아옴.

1877년 5월 신학을 공부하기 위해 네덜란드 수도인 암스테르담으로 떠남.

1878년 10월 암스테르담 신학교 입학 시험에 낙방함. 학업을 포기하고 벨기에 남부의 보리나주 탄광에 정착함.

1879년 보리나주 탄광에서 평신도 설교자로 일함. 첫 데생을 시작함.

1880년 브뤼셀 미술 아카데미에서 데생과 해부학을 수강함. 동생 테오로

부터 생활비를 받기 시작함.

1881년 4월부터 12월까지 에텐에 있는 부모님과 함께 생활하다가 집에서 쫓겨나 헤이그로 옮김. 아이가 있는 과부인 사촌 스티케르에게 구혼했다가 거절당하고 나서 가족 간의 불화가 생김.

1882년 1월 화가 안톤 모베로부터 배움. 시엔과 만남.

1885년 3월에 아버지 사망.

1885년 11월 벨기에 안트베르펜으로 가서 루벤스의 작품을 공부하고 일본 판화를 수집함.

1886년 안트베르펜의 미술 학교에 입학했다가 곧 그만둠. 같은 해 2월 프랑스 파리에 거주하는 동생 테오의 집에 입주해서 코르몽 화실에 다니다가 6월에 그만둠.

1887년 겨울에 고갱과 가까운 친구가 됨.

1888년 초 프랑스 남부에 있는 아를로 혼자서 떠남.

1888년 10월 말 고갱이 아를에 도착해서 함께 생활하다가 12월 23일 두 사람이 다투고, 고흐가 자신의 귓불을 자르는 사건이 일어남. 고갱이 고흐를 떠남.

1888년 12월 아를 병원에 입원함.

1889년 1월 아를 병원에서 퇴원해서 집에 돌아옴.

1889년 4월 동생 테오가 결혼함.

1889년 5월 생레미에 있는 한 정신 병원에 자진해서 입원함.

1890년 5월 생레미에 있는 정신 병원에서 퇴원함. 파리에 있는 테오를 사흘 동안 방문한 뒤에 오베르쉬르우아즈로 옮김. 이곳에서 가셰

박사와 알게 됨.

1890년 7월 27일 총으로 가슴을 쏜 뒤, 7월 29일 밤에 37세의 나이로 사망함.

반 고흐 《노란 집》 1888년, 캔버스에 유화, 반 고흐 미술관

미술관에 놀러 가요

강릉시립미술관	gn.go.kr/mu	033) 640-4271
경기도미술관	gmoma.ggcf.kr	031) 481-7000
경남도립미술관	gyeongnam.go.kr/gam	055) 254-4600
경인미술관	kyunginart.co.kr	02) 733-4448
광주시립미술관	artmuse.gwangju.go.kr	062) 613-7100
국립중앙박물관	museum.go.kr	02) 2077-9000
국립현대미술관	mmca.go.kr	02) 2188-6000 (과천관)
	02) 3701-9500 (서울관)	02) 2022-0600 (덕수궁관)
대구미술관	daeguartmuseum.or.kr	053) 803-7900
대전시립미술관	daejeon.go.kr/dma	042) 270-7371
부산시립미술관	art.busan.go.kr	051) 744-2602
서울시립미술관	sema.seoul.go.kr	02) 2124-8800
예술의전당	sac.or.kr	02) 580-1300
전북도립미술관	jma.go.kr	063) 290-6888
제주도립미술관	jeju.go.kr/jmoa	064) 710-4300
포항시립미술관	poma.pohang.go.kr	054) 270-4700
호암미술관	leeumhoam.org/hoam	031) 320-1801

※ 자세한 정보는 미술관의 인터넷 홈페이지와 전화를 통해 문의하시기 바랍니다.